Rhonda Findling

Ruf bloß nicht an!

Wie Sie Ihren Ex-Partner loslassen und stattdessen das Leben genießen

Aus dem Amerikanischen von Arya Khademi

© 4. Auflage 2014
Reichel Verlag
Reifenberg 85, D 91365 Weilersbach
Tel: 09194-8900, Fax 09194-4262
E-Mail: info@reichel-verlag.de
www.reichel-verlag.de

USA und Kanada bei © Hyperion
Titel: Dont´t call that man!

Deutsche Ausgabe ermöglicht durch Hyperion
Alle deutschsprachigen Rechte beim
Reichel Verlag, Weilersbach

Umschlaggestaltung: Wolfgang Hoffmann

ISBN 978-3-9808707-9-5

In Erinnerung an meine Großmutter
Sally Porter Hassenbein
und für
Zachary, Samantha und Madison

Inhalt

Einführung

Warum Sie diesen Mann bloß nicht anrufen sollten

Menschen, die einen geliebten Partner loslassen müssen, erleben eine der schmerzlichsten Erfahrungen, die es gibt. Loszulassen bedeutet Trauer und Leiden. Es bedeutet den Verlust von
Liebe, und Liebe ist die höchste Form des Glücks, die wir erleben können.

Das Ende von Beziehungen inspiriert einen großen Teil unserer heutigen Kultur. Viele erfolgreiche Songs aus den Hitpara-
den handeln von der Sehnsucht nach jemandem, den man geliebt
und verloren hat: „I Can't Live If Living Is Without You" (Ich
kann nicht leben, wenn ich ohne dich leben muss), „The Way
We Were" (So wie es zwischen uns war), oder „You Just Keep
Me Hanging On" (Du hältst mich immer nur hin).

Auch in den meisten Jazz- oder Bluesballaden, gesungen von
großen Sängerinnen wie Billie Holiday oder Sarah Vaughan,
geht es um Liebe und Verlust – „My Man" (Mein Typ), oder

„The Man That Got Away" (Der Mann, den ich entschwinden ließ).

Hollywoodfilme zeigen Frauen, die unfähig sind, loszulassen. In „Eine verhängnisvolle Affäre" spielt Glenn Close eine Frau, die aufgrund ihrer Besessenheit für einen verheirateten Mann zu einer psychotischen Mörderin wird, als er sich nach einer Wochenendaffäre weigert, sich weiter mit ihr zu treffen. In „Die Geschichte der Adele H." erzählt Francois Truffaut von einer Frau, die verrückt wird, nachdem sie den geliebten Mann verliert.

Auch auf der Bühne und im Fernsehen finden sich überall Geschichten von Menschen, die einen Verlust nicht verkraften. In dem Broadwaystück Sunset Boulevard erschießt die Hauptdarstellerin ihren Liebhaber, weil er sie verlassen will. In den täglichen Seifenopern im Fernsehen gibt es immer wieder Charaktere, die über endlose Folgen hinweg jemand bedrängen, weil er sie zurückgewiesen hat. Und in den täglichen Talkshows tritt eine schier endlose Zahl von besessenen Menschen auf, die nicht loslassen können.

Zeitungen berichten immer wieder über Fälle, in denen Menschen unter keinen Umständen loslassen wollten, auch nicht für einen sehr hohen Preis. Wenn (in einem der bekanntesten Fälle der siebziger Jahre) Jean Harris in der Lage gewesen wäre, ihrer Trauer Ausdruck zu verleihen und ihre Wut auf Herman Tarnower (Dr. Scarsdale) zu verarbeiten, hätte sie ihn vielleicht nicht getötet.

Und was, wenn Monica Lewinski in der Lage gewesen wäre, all ihre Gefühle nach dem Ende ihrer Beziehung mit Präsident

Clinton zusammen mit einem professionellen Therapeuten aufzuarbeiten, anstatt mit Linda Tripp: vielleicht hätte die amerika-
nische Geschichte dann eine völlig andere Wendung genommen!

Wie kommt es nun, dass ich so viel über den Prozess des
Loslassens weiß? Weil ich selbst durch diese Erfahrung gehen
musste.

Vor einigen Jahren verliebte ich mich in einen gutaussehenden, charismatischen, wortgewandten, geheimnisvollen Mann.
Während unserer Beziehung wurde ich jedoch emotional abhängig von ihm. Ich lernte von ihm vieles über Spiritualität; er war
sehr liebevoll und gab mir viel Unterstützung. Ich dachte, dass
er mich auf eine Weise verstand wie niemand sonst. Doch als
ich meinen Wunsch nach einer tieferen Bindung äußerte, verließ
er mich.

Aus heutiger Sicht bin ich fest davon überzeugt, dass seine
plötzliche und beinahe grausame Zurückweisung von seinem
Problem mit Nähe und Intimität verursacht wurde. Bei unserer
ersten Begegnung erzählte er mir, er wäre bereits seit mehr als
sieben Jahren keine Beziehung mehr eingegangen und sei auch
nicht auf der Suche nach einer festen Bindung. Ich verliebte
mich trotzdem in ihn – in der Hoffnung, dass es in meinem Fall
anders sein würde. Obwohl mir die nötigen Erkenntnisse aus
meiner Arbeit als Therapeutin zur Verfügung standen, blieb ich
dennoch verletzt und wie am Boden zerstört zurück. So lernte
ich gezwungenermaßen in einem mühsamen Prozess, wie ich
loslassen konnte, um wieder auf die Beine zu kommen und mein
Leben weiterzuleben.

Zur gleichen Zeit behandelte ich in meiner Praxis mehrere Frauen, die ebenfalls große Schwierigkeiten hatten, sich von ihren Beziehungen zu lösen, die beendet waren. Ich beschloss, eine Selbsthilfegruppe zu gründen, und nannte sie „Ruf bloß nicht an!". Ich führte einige Workshops in meiner Gemeinde durch und fand mich schon nach kurzer Zeit in den Talkshows von Radio und Fernsehen als „Beziehungsexpertin" wieder. Es sah aus, als sollte das mein neuer Weg werden.

Aus eigenen Erfahrungen und aufgrund meiner beruflichen Arbeit habe ich gelernt, wie sehr Menschen verletzt werden können, wenn sie verlassen oder zurückgewiesen werden. Der Schmerz einer Zurückweisung kann dabei sogar bis zum Kern der Persönlichkeit vordringen. Eine Frau kann sich so sehr auf einen Mann fixieren, dass sie nur noch von ihrem Zorn und ihrer Sehnsucht nach ihm beherrscht wird. Mir sind Frauen begegnet, die dabei Gesundheit, Geld, Jobs und Kinder verloren; manche gingen sogar ins Gefängnis, nur weil sie vollständig von dem Mann besessen waren, der sie verlassen hatte. Zu den Workshops und Selbsthilfegruppen kamen auch Frauen, die wegen einer Trennung kurz davorstanden, sich das Leben zu nehmen, da sie nicht in der Lage waren weiterzuleben.

Im Allgemeinen haben Frauen inzwischen eine Menge für ihre finanzielle Unabhängigkeit getan; es gibt aber noch eine Menge zu tun, um auch emotional unabhängig zu werden. Viel zu viele finanziell unabhängige Frauen bleiben in Beziehungen, in denen sie emotionalen und körperlichen Misshandlungen ausgesetzt sind, weil sie sich fürchten loszulassen. Sie klammern sich lieber an einen Mann, der sie schlägt, erniedrigt oder zurückweist, als sich der Angst vor dem Alleinsein zu stellen.

In den folgenden Kapiteln werde ich Ihnen vermitteln, wie Sie innere Kräfte und Fähigkeiten entwickeln können, um loszulassen, damit Sie Ihr Leben nicht wegen einer „romantischen Liebe" oder aus Angst vor Einsamkeit zerstören. Die schriftlichen Übungen werden Ihnen ermöglichen, Ihre Gefühle zu erleben und auszudrücken – dies ist ein wesentlicher Teil des Heilungsprozesses.

Das Buch, die schriftlichen Übungen und das Zehn-Schritte-Programm sind aus meiner Arbeit mit Frauen in den Workshops und Selbsthilfegruppen hervorgegangen. Obwohl die meisten dieser Frauen gerade eine Trennung durchlebten, gab es auch einige, die in einer Beziehung mit einem unerreichbaren Mann lebten. Diese Frauen suchten nach Kraft und Unterstützung, um ihre Partner endgültig verlassen zu können. Andere hatten das Gefühl, in ihren Beziehungen zu sehr zu klammern und in ihrem Verhalten zu verzweifelt zu sein, und suchten daher nach einem besseren Verständnis für ihr Verhalten.

Die Fallbeispiele in diesem Buch basieren auf den Erlebnissen meiner Klientinnen und von Menschen aus meinem privaten Umfeld, die mit dem Problem des Loslassens konfrontiert waren. Alle Namen oder charakteristischen Merkmale wurden von mir verändert.

Wenn Sie in einer Beziehung leben und Ihnen der Zwang bewusst wird, Ihren Partner anrufen zu müssen, weil Sie Angst davor haben, von ihm sonst verlassen zu werden oder er sein Interesse an Ihnen verlieren könnte, wird Ihnen dieses Buch ebenfalls nützlich sein. Verwenden Sie die schriftlichen Übungen, das Zehn-Schritte-Programm und die gegebenen Informationen, um an Ihren Problemen zu arbeiten, damit Sie nicht zu hilflos und verzweifelt wirken, was selbst den gesündesten Mann vertreiben kann.

Sollten Sie gerade eine Trennung durchmachen, können Sie das Buch dazu verwenden, um wieder auf die Beine zu kommen. Wenn Sie den Ratschlägen folgen und sich unter Kontrolle haben, um dem Ex-Mann nicht hinterherzulaufen, werden Sie Ihren Verlust überstehen, ohne dass Ihr Stolz oder Ihr Selbstwertgefühl darunter leiden muss. Sie werden nicht nur überleben, sondern Sie werden triumphieren. Vielleicht finden Sie sogar eine neue Liebe – einen Partner, der immer für Sie da sein wird.

Es gibt wirklich ein Leben nach diesem Mann!

1

Die Befreiung aus dem Teufelskreis zwanghafter Emotionen

Sheila, eine attraktive, siebenundzwanzigjährige Programmiererin, saß zu Hause, starrte auf das Telefon und sehnte sich danach, Tony anzurufen, einen gutaussehenden Versicherungsmakler, mit dem sie seit einem halben Jahr eine Beziehung hatte.

Am Anfang ihrer Beziehung war Sheila sicher, in Tony ihren Traumpartner gefunden zu haben; er war charmant, aufmerksam und ehrgeizig. Schließlich, nach einer längeren Phase des Wartens, nahm sie nach einem Abendessen in einem teuren französischen Restaurant ihren Mut zusammen und fragte Tony nach ihrer gemeinsamen Zukunft. Seine Antwort traf sie dann mitten ins Herz, als er ihr sagte, er könne sich nicht vorstellen, sie zu heiraten. Er schlug ihr vor, sie sollten beginnen, sich nach anderen Partnern umzusehen. Wütend und verletzt erklärte Sheila, sie hielte es für das Beste, wenn sie sich nicht mehr sehen würden.

Doch jetzt fühlte sie sich einsam und verzweifelt. Sie wollte um jeden Preis mit Tony zusammen sein, koste es, was es wolle, und das zu seinen Bedingungen. Den Gedanken an ein Leben ohne ihn konnte sie nicht ertragen. „Es ist alles nur meine Schuld", dachte sie. „Wenn ich unser Gespräch doch nur ungeschehen machen könnte; vielleicht wären wir noch zusammen." Sie musste einfach mit ihm sprechen.

Sie wählte seine Nummer und hoffte, er wäre zu Hause. Doch nur der Anrufbeantworter reagierte. Sie legte auf und entschied sich, abzuwarten und es später noch einmal zu versuchen. In der Zwischenzeit versuchte sie, sich mit etwas Hausarbeit abzulenken, aber sie konnte nicht aufhören, an ihn zu denken. Sie ging zum Telefon und rief an, doch wieder lief nur das Band. Mehr als zwei Stunden lang versuchte sie es alle fünfzehn Minuten: sie wusste, sie hatte die Kontrolle über sich verloren. Wie eine Drogensüchtige wand sie sich in ihrem Schmerz hin und her, irgendwie unfähig, etwas dagegen zu tun. Der Gedanke, Tony nicht mehr zu sehen, war unerträglich.

Viele von uns können sich gut in Sheila hineinversetzen, denn sie haben mehr oder weniger Ähnliches erlebt. Die Symptome sind uns schmerzhaft vertraut: da ist die Angst, die Kontrolle zu verlieren, die Sehnsucht, wieder seine Stimme zu hören. In diesem Moment erkennt man, dass man die Kontrolle über sein Verhalten verloren hat, findet aber keine Möglichkeit, den Zwang, ständig telefonieren zu müssen, zu unterbinden. Man weiß nicht mehr, was man tun soll.

Doch was bringt uns so sehr aus dem Gleichgewicht, dass wir vor nichts zurückschrecken, um einen Mann dazu zu bringen, wieder zu uns zurückzukehren? Warum können wir ihn nicht loslassen?

Lassen Sie uns dazu einige Aspekte betrachten, die Frauen zu diesem Verhalten bewegen. Eine der grundlegendsten menschlichen Empfindungen ist die Angst, verlassen zu werden. Für Neugeborene kann dieser Verlust sogar den Tod bedeuten, denn Kinder können ohne die Zuwendung und Fürsorge von Erwachsenen nicht überleben. Diese Angst ist, abhängig von unserer persönlichen Biographie, auch später noch bis zu einem gewissen Grad in uns vorhanden. Werden wir dann als Erwachsene von jemandem verlassen, auf den wir unseren Wunsch nach Liebe und Unterstützung gerichtet haben, werden die Kindheitsängste wieder aktiviert, was zusammen mit der aktuellen Gefahr, verlassen zu werden, zu einer intensiven Furcht und zu Panikgefühlen führen kann. Unsere Fähigkeit, klar zu denken, kann in solchen Situationen so sehr eingeschränkt sein, dass wir ausschließlich diese furchtbare Angst erleben.

Wenn wir uns zurückgelassen fühlen, ergreift uns Panik, weil wir plötzlich alleine sind, und zusätzlich empfinden wir ein Gefühl der Zurückweisung. Solche schmerzlichen Empfindungen können dazu führen, dass wir versuchen zu klammern. „Klammern" bezeichnet in unserem Fall die unterschiedlichsten Formen von Festhalten wie zwanghaftes Telefonieren, unangemeldetes Auftauchen vor der Wohnung oder am Arbeitsplatz, oder das fortwährende Schreiben von Briefen oder E-Mails, auch wenn auf keinen dieser Kontaktversuche jemals eine Reaktion erfolgt.

Die Verzweiflung einer Frau kann so groß werden, dass sie Dinge tut, die für sie erniedrigend sind und quasi an Masochismus grenzen. Nannette litt so sehr unter der Trennung von ihrem

14

Freund, dass sie ihn zu Hause aufsuchte, vor ihm auf die Knie fiel und ihn anflehte, sie wieder aufzunehmen. Wie sie mir berichtete, waren für sie Selbstachtung oder Stolz in diesem Moment vollkommen gleichgültig – was zählte, war einzig und allein der Glaube, nicht ohne diesen Mann leben zu können.

Maria suchte das Apartmenthaus ihres Ex-Freundes auf und verlangte vom Portier, ihrem Ex-Freund ihre Anwesenheit zu melden, doch Ihr Ex-Freund lehnte es ab, sie zu sehen. Maria geriet dadurch vollkommen aus der Fassung und erklärte dem Portier, sie werde die Lobby nicht verlassen, bis ihr Ex-Freund herunterkommen und mit ihr sprechen würde. Der Portier drohte daraufhin, die Polizei zu rufen; aber in ihrer Verzweiflung blieb Maria einfach nur stehen. Als dann der Streifenwagen eintraf, schlich Maria sich davon, zutiefst erniedrigt und beschämt.

Solche seelischen Schmerzen und Erniedrigungen sind keine Seltenheit. Viele Frauen, von denen Sie es nicht erwarten würden - weil sie vielleicht berühmt, erfolgreich und/oder schön sind -, haben erlebt, was Nannette, Sheila oder Maria durchgemacht haben.

Durch den Drang, seinen Ex-Partner anzurufen, oder ihn festzuhalten, obwohl man weiß, dass die Beziehung beendet ist, werden Gefühle wie Einsamkeit, Schmerz und Kränkung betäubt und verschleiert. Das gilt auch für Frauen, die noch eine Beziehung haben oder die sich mit einem neuen Partner treffen und nun befürchten, nie mehr von diesem Mann zu hören. Wenn eine Frau wie unter Zwang einen Mann aufgrund ihrer Verlustängste anrufen muss, erlebt sie unter Umständen einen angenehmen Adrenalinschub, während sie voller Erwartung darauf hofft, ihn zu sehen oder nur seine Stimme zu hören. Diese Art von Rausch befriedigt allerdings nur vorübergehend. Der wahre Weg zur seelischen Befreiung ist, Ihren Schmerz während seiner Abwesenheit zu fühlen und ihn allein oder mit Unterstützung anderer zu verarbeiten.

Ist Ihre Beziehung noch zu retten oder möchten Sie Ihre momentane Bindung erhalten, ist es wichtig, sich daran zu erinnern, dass ein verzweifeltes Anklammern die meisten Männer dazu bringt, sich noch mehr von ihren Partnerinnen zu distanzieren. Ein verzweifeltes und bedürftiges Verhalten lässt Sie aussehen, als fühlten Sie sich nicht liebenswert und als seien Sie dankbar für die Aufmerksamkeit *irgendeines* Mannes.

Wenn Männer ihre eigenen Themen in Bezug auf Intimität und Nähe haben, wird sich Ihr Partner durch ein klammerndes Verhalten immer bedrängter und eingeengter fühlen. Er wird das Gefühl haben, keine Luft mehr zu bekommen, wenn Sie fortwährend versuchen, einen Beweis dafür zu bekommen, dass er sie nicht verlassen will. Ihr Klammern lässt Sie außerdem emotional bedürftig erscheinen und gibt Ihrem Partner das Gefühl, Sie ohne Unterlass mit der beruhigenden Liebe versorgen zu müssen, auf die Sie so verzweifelt angewiesen sind – was mit Sicherheit für jeden Menschen eine große Herausforderung darstellt.

Es ist nur menschlich, dass es Männern schwer fällt, sich in eine Frau zu verlieben, die sie mit Telefonanrufen bombardiert. Eine verzweifelte Frau gibt einem Mann keine Möglichkeit, sich nach ihr zu sehnen. Da sie so verfügbar ist, bleibt ihm kein

Raum mehr, um von ihr zu träumen oder sie zu vermissen – was leider manchmal alles ist, was Verliebtsein bedeutet.

In seiner Verzweiflung zu klammern führt zu einem Teufelskreis: je mehr sich der Partner zurückzieht, desto stärker versucht der andere zu klammern.

Trotz dieser Einsicht kann der Zwang, zu klammern, unwiderstehlich sein. Zwar ist Ihrem Verstand klar, dass Ihr Verhalten unangemessen ist, aber Sie werden dennoch von einem inneren gefühlsmäßig unbeherrschbaren Drang getrieben. Und Sie spüren ein körperliches Unbehagen, wenn Sie Ihrem zwanghaften Verhalten nicht nachgeben.

Wie verhalten Sie sich am vernünftigsten, wenn Sie den zwanghaften, unwiderstehlichen Drang verspüren, einen Mann anzurufen?

Zuerst einmal gestatten Sie sich, die Anspannung und die Gefühle bewusst zu erleben. Akzeptieren Sie sie, bis die Gefühle vergehen – denn sie werden vergehen. Und das ist der Trick – spüren Sie Ihre Gefühle, anstatt sie auszuleben. Dies erfordert eine Menge Arbeit und Selbstdisziplin, da es leichter ist, etwas zu spüren, ihm nachzugeben und es dann auszuleben. Gefühle zu verarbeiten, sie wahrzunehmen aber nicht auszuleben, nennt man übrigens „Gefühle beherrschen".

An dieser Stelle möchte ich Sie warnen: Sie werden eine innere Unruhe beim Zügeln Ihrer Gefühle verspüren und vielleicht das Verlangen haben, diesem Druck nachzugeben, weil Sie sich so unwohl in Ihrer Haut fühlen. Und dieses Unbehagen wird Sie zwingen, anrufen zu wollen, denn Sie wünschen sich die sofortige Erleichterung, wenn die Spannung nachlässt. Aber bedenken Sie, welche Schmerzen und Qualen Sie ertragen müssten, sollte er Sie zurückweisen oder Sie nicht die ersehnte Reaktion erhalten.

Tanja, eine Frau aus meiner Gruppe, hatte eine Liste von Freundinnen zur Verfügung, die sie anrief, wenn sie der Drang überwältigte, ihren Ex-Freund anzurufen. Helena, auch aus meiner Gruppe, ging in solchen Fällen in ein Sportstudio, um zu trainieren; Barbara ging ins Kino. Schon nach kurzer Zeit besaßen alle Frauen aus meiner Selbsthilfegruppe eine Reihe von Möglichkeiten, etwas gegen den überwältigenden Impuls zu tun nach dem Hörer zu greifen und anzurufen.

Es ist sehr wichtig zu verstehen, dass Sie, wenn Sie Ihre Gefühle zügeln, sie dennoch anderen Menschen gegenüber ausdrücken sollten. In solchen Situationen können vertraute, vorurteilsfreie Freunde oder eine entsprechende Selbsthilfegruppe und natürlich auch ein geschulter Therapeut äußerst hilfreich sein. Wenn Sie das Problem dagegen unbedingt alleine bewältigen möchten, dann tun Sie es in der Gewissheit, dass es andere Frauen auch geschafft haben. Also wird es Ihnen auch gelingen. Es ist bestimmt nicht die beste Variante, aber sicherlich möglich.

Der entscheidende Grund dafür, dem inneren Zwang zu widerstehen, den Mann, von dem Sie sich getrennt haben, anzurufen und ihm Ihre Gefühle mitzuteilen, ist, dass Sie das Risiko vermeiden, zurückgewiesen, verletzt oder erniedrigt zu werden. Immer dann, wenn Sie zurückgewiesen werden, verstärken Sie das Gefühl des Ungeliebtseins und der Verzweiflung, weil Sie vielleicht sowieso schon mit diesen Gefühlen zu kämpfen haben. Selbst wenn Ihr Ex-Partner positiv auf Ihren Anruf reagieren sollte, werden Sie sich nur vorübergehend besser fühlen und ihm näher sein, denn bald werden die Qualen zurückkehren, da Sie immer noch nicht zusammen sind. Und später oder früher müssen Sie noch einmal Ihre Verlustgefühle aufarbeiten, was doppelte Mühe bedeutet.

Der Schmerz, ohne Ex-Partner zu sein, kann eine harte Bewährungsprobe sein, aber wenn Sie den Hörer nicht zur Hand nehmen, werden Sie jubeln und Ihren inneren Kräften vertrauen.

2

Trauer und Schmerz

Wenn Ihre Beziehung beendet ist, oder wenn sich Ihr Partner von Ihnen distanziert oder entfernt, spüren Sie den *Verlust* - auch dann, wenn es nur ein vorübergehender Verlust ist. Diese Erfahrung und den damit zusammenhängenden Schmerz müssen Sie bewusst erleben.

Es fällt mir immer schwer, meinen Klientinnen zu sagen, dass sie den emotionalen Schmerz durchleben müssen, um sich besser zu fühlen und neu anfangen zu können. Leider ist es wahr: Der einzige Weg, sich wieder wohl in seiner Haut zu fühlen ist, sich zu befreien und sämtliche Gefühle zuzulassen, anstatt im Netz Ihrer Liebe gefangen zu bleiben.

Man nennt das *Trauern*. Es ist ein schwieriger Prozess, der viele unterschiedliche Gefühle wie Kummer, Verlangen, Sehnsucht, Hoffnungslosigkeit, Zorn, Apathie, Traurigkeit und Verzweiflung hervorruft. Trauer ist ein schmerzvolles, manchmal sogar kaum zu ertragendes, allerdings notwendiges Gefühl, um den Schmerz über einen Verlust anzuerkennen. Wenn Sie ihn verdrängen, können Sie als Folge den Zwang verspüren, Ihren Ex-Partner anrufen zu müssen, was Sie wiederum daran hindern wird, neu anzufangen und eine neue Liebe zu finden.

Wenn Sie trauern, dann trauern Sie um den Verlust der Gegenwart Ihres Ex-Partners, oder um den Verlust der sexuellen Beziehung, seiner Berührungen, seines Trostes, den verlorenen Traum von einer gemeinsamen Zukunft, um mögliche Kinder, die Sie miteinander gehabt hätten, oder um das Glück und die Freude, die Sie zusammen erlebt haben.

Es kann Momente geben, in denen Sie von diesen Gefühlen überwältigt sind und Angst haben, nie mehr über Ihren Schmerz hinwegzukommen. Doch nur im Annehmen dieser Gefühle lassen sich Schmerz und Trauer überwinden. Wenn Sie Ihre Gefühle zulassen und sie tief empfinden, werden sie mit der Zeit nachlassen und eine Transformation herbeiführen. Das Gefühl der Trauer *wird* verschwinden und *auf keinen Fall* andauern.

Dabei müssen Sie bedenken, dass Trauer ihrem eigenen Rhythmus folgt. Sie können nicht sagen: „Also gut, ich werde jetzt trauern." Sie müssen Ihre Trauer zulassen, wenn sie sich zeigt.

Die verschiedenen Stadien eines Verlustes

In der Trauer über den Verlust eines Partners gibt es vier Stadien. Sie werden diese Phasen nicht unbedingt in dieser Reihenfolge durchleben; manchmal können sie sich auch überschnei-

21

den. Die folgende Darstellung basiert auf den fünf Stadien von Tod und Sterben, wie sie in Dr. Elisabeth Kübler-Ross' berühmtem, 1969 erschienenen Buch „On Death and Dying" beschrieben werden.

Das erste Stadium heißt *Leugnen*. Sie weigern sich, der Wahrheit ins Auge zu sehen, dass Ihr Ex-Partner Sie verlassen, zurückgewiesen oder Ihnen etwas Schreckliches angetan hat, nur um Sie dazu zu bringen, die Beziehung abzubrechen. Sie erleben einen emotionalen Schock oder fühlen sich vielleicht wie betäubt.

In diesem Stadium ist es wichtig, zu versuchen, mit dieser Tatsache zurechtzukommen. Wenn Sie dagegen so tun, als sei alles noch genauso wie vorher, und weiter den Mann verfolgen, mit dem die Beziehung in die Brüche ging, werden Sie sich u. U. noch verletzter und erniedrigter fühlen. Jetzt ist der richtige Zeitpunkt, sich an Menschen zu wenden, die Sie dabei unterstützen, der Wahrheit ins Auge zu sehen.

Wut ist das zweite Stadium. Jetzt haben Sie sich der Wirklichkeit Ihrer Situation gestellt und sind wütend darüber, betrogen, verletzt und verlassen worden zu sein. Unter Umständen kommt nun noch vorhandene Wut auf Menschen hoch, die Sie zu einem früheren Zeitpunkt verletzt haben (Eltern oder frühere Partner).

Es ist wichtig, diese Wut aufzuarbeiten, ohne Verbindung zu Ihrem Ex-Partner aufzunehmen. Benutzen Sie Ihre Wut nicht als Vorwand, ihn herauszufordern, ihn zu beschimpfen oder schlimmstenfalls gewalttätig zu werden. Ihre Wut am Ex-Partner auszulassen ist in dieser Situation nicht hilfreich; im Gegenteil, sie würde sich verschlimmern. Die meisten Menschen reagieren nicht positiv auf eine aggressive Konfrontation; es ist daher unwahrscheinlich, dass Sie die gewünschte Reaktion bekommen.

Momentan geht es Ihnen vielleicht besser; seine Reaktion könnte aber ebenso dazu führen, sich noch verletzter, verlassener oder wütender zu fühlen. Teilen Sie stattdessen Ihre Gefühle mit den Menschen, die Sie unterstützen. Wut lässt sich außerdem besser durch sportliche Betätigungen, durch Schreiben oder andere kreative Ausdrucksformen verarbeiten.

Das dritte und vierte Stadium sind *Depression* und *Verzweiflung*, die beiden schwierigsten Phasen. Das Drama und die Aufregung der Trennung sind nun vorüber; in Ihnen ist jetzt nur ein Gefühl innerer Leere über Ihren Verlust. Zusätzlich können jetzt frühere Erlebnisse, in denen Sie sich im Stich gelassen fühlten und Wut verspürten an die Oberfläche kommen und Ihre Trauer und Depression verstärken. Dies kann eine schmerzvolle Zeit sein, aber Sie müssen diese Phase durchstehen, um wieder für eine neue Beziehung offen zu sein. Leugnen Sie hingegen die Tatsachen, wird die Vergangenheit Sie weiter verfolgen. Sollte es Ihnen wegen Ihrer Niedergeschlagenheit schwerfallen, den Alltag zu bewältigen (zu arbeiten, essen oder zu schlafen), leiden Sie möglicherweise unter krankhaften Depressionen. In diesem Fall ist es nötig, einen Arzt oder Psychiater aufzusuchen.

Ich wiederhole nochmals: es ist sehr wichtig, Ihren Ex-Partner in dieser Phase auf keinen Fall anzurufen. Es ist für Sie eine schwierige und sensible Zeit und Sie dürfen daher auf keinen Fall das Risiko eingehen, distanziert behandelt oder zurückgewiesen zu werden. Sie würden sich nur noch stärker verlassen vorkommen, was zu noch mehr Verzweiflung und Trauer führt. In dieser ausgesprochen wichtigen Phase sollten Sie die Menschen um emotionale Unterstützung bitten, die Ihnen zur Seite stehen. Versuchen Sie, sich selbst Trost zu spenden, während Sie in den sauren Apfel beißen und Ihren Schmerz durchleiden. Auch wenn dieser Schmerz manchmal unüberwindbar scheint: Zeit heilt alle Wunden, und Ihre Trauer und Verzweiflung werden irgendwann beendet sein. Dann werden Sie endlich das letzte Stadium erreicht haben: Akzeptanz.

Akzeptanz ist erreicht, wenn Sie beginnen, wieder Ihr normales Leben zu führen. Sie denken nicht mehr laufend an Ihren Ex-Partner, sondern an andere Männer und möchten sich wieder verabreden. Trotzdem kann es eine schwierige Zeit sein, denn jetzt möchten Sie vielleicht Ihren Ex-Partner anrufen, um ihm unter die Nase zu reiben, dass Sie über ihn hinweg sind. Geben Sie dieser Versuchung aber auf keinen Fall nach, denn Sie erhalten vielleicht nicht die gewünschte Reaktion und würden enttäuscht sein und sich im Stich gelassen fühlen. Oder - was noch schlimmer ist - Ihre alten Gefühle kommen wieder hoch; Sie erleiden einen Rückfall und müssen erneut den Trauerprozess durchleben!

Ein weiterer wichtiger Teil des Trauerprozesses ist es, alle Gefühle zuzulassen, auch die positiven. Schämen Sie sich nicht, wenn Sie noch liebende, romantische Gefühle für Ihren Ex-Partner haben, obwohl die Beziehung vorbei ist oder er Sie tief verletzt hat. Das ist nur natürlich. Er hatte auch Qualitäten, die Sie an ihm liebten oder schätzten, sonst wären Sie sich nie näher gekommen oder hätten sich in ihn verliebt.

Sie dürfen sich auch nach ihm sehnen. Und schämen Sie sich nicht dafür. Es sind nur Gefühle – Sie leben sie nicht aus, Sie spüren sie.

Dankbarkeit ist ein weiteres Gefühl, das Sie vielleicht ausdrücken müssen. Vielleicht halten Sie an der Beziehung fest, weil Sie Ihrem Ex-Partner dankbar für etwas sind, das er für Sie getan hat. Vivian war ihrem Ex-Freund dankbar für seine finanzielle Unterstützung während ihres Jurastudiums. Barbara wiederum war ihrem Ex-Freund dankbar, weil er ihr emotionale Unterstützung während ihrer schmerzvollen Scheidung gab. Beide mussten diesen Gefühlen in meiner Selbsthilfegruppe Ausdruck verleihen; weil sie sich immer wieder darauf bezogen, wie wundervoll ihre Ex-Partner gewesen waren, obwohl die Beziehung beendet war.

Es können auch Neidgefühle gegenüber Ex-Partnern aufkommen, da er vielleicht Eigenschaften besaß, die man bewunderte oder gerne selber gehabt hätte. Bettina bewunderte an ihrem Ex-Freund Paul die Fähigkeit, auf Menschen zuzugehen. Sie beobachtete ihn oft, wie er auf Partys leicht Kontakt mit Menschen knüpfte und sie in ein Gespräch verwickelte.

Ohne Zweifel werden Sie Wut und Zorn gegenüber Ihrem Ex-Partner spüren, weil er Sie verlassen, unfair behandelt, betrogen, zurückgewiesen oder missbraucht hat. Diese Gefühle zu verarbeiten und sich nicht von ihnen vereinnahmen zu lassen, ist von größter Wichtigkeit, wenn Sie über ihn hinwegkommen wollen.

Der Schlüssel hierzu ist, Ihren Ex-Partner auf *keinen Fall* anzurufen, wenn Sie solche starken Gefühle empfinden. Sie müssen diese Zeit nutzen, um sich emotional von ihm zu distanzieren und zu lösen. Wenn Sie ihn in der Absicht anrufen, um ihm Ihre Gefühle mitzuteilen, und er kein Verständnis dafür hat, was Sie gerade durchmachen und Sie deshalb zurückweist oder ablehnt, werden Sie sich um ein Vielfaches schlechter fühlen. Das würde den Heilungsprozess sowie die große Mühe, die Sie sich gegeben haben, um zu trauern und ihn loszulassen, sehr belasten.

Sprechen Sie stattdessen über Ihre Gefühle mit jemand anderem – mit einem Therapeuten, mit Freunden, die Ihnen Rückhalt geben können, oder mit einer Selbsthilfegruppe. Achten Sie darauf, dass es jemand ist, bei dem Sie sich absolut sicher fühlen. Steht Ihnen jemand zur Seite, der diese Erfahrung von Liebe, Schmerz, Trauer und Sehnsucht miterlebt und begleitet, dann wird der Prozess des Loslassens bedeutungsvoller. Es kann allerdings Momente geben, wo niemand da ist, mit dem Sie über diese tiefen Gefühle reden können. Sie müssen sie alleine bewältigen. Erwischt es Sie mitten in der Nacht, können Sie niemanden um vier Uhr in der Früh anrufen (außer, Sie haben unglaublich verständnisvolle Freunde!). Stattdessen müssen Sie alleine weinen. Sie können die Fähigkeit entwickeln, sich selbst zu beschwichtigen und sich wohltuend zu umsorgen. In Kapitel 3 werden wir näher darauf eingehen.

Bettina war seit sechs Monaten mit Tim verlobt, als er ihr sagte, er wüsste nicht, ob er sie heiraten würde. Für Bettina brach eine Welt zusammen. Sie waren bereits über ein Jahr miteinander gegangen, als sie sich verlobten. Tim war aus Griechenland nach New York gezogen, um sein Ingenieursdiplom zu erwerben. Ein Jahr später hatte er Bettina in einem Nachtklub kennen gelernt, und schon nach ihrer ersten Verabredung begannen sie, den größten Teil ihrer Freizeit gemeinsam zu verbringen. Als Tims Familie von der Verlobung erfuhr, reagierte sie mit Ablehnung. Sie erwartete von ihm, dass er eine Griechin heiratete und drohte damit, ihn aus der Familie zu verstoßen. Tim entschied sich für seine Familie und erklärte Bettina, dass die Hochzeit nicht stattfinden könne.

Bettina war wütend; weil er nicht in der Lage war, sich gegen seine Familie zu behaupten, und weil er ihre Liebe und ihre gemeinsame Zukunft verraten hatte. Obwohl sie in der Lage war, ihren Job als Kreditprüferin auszuführen, litt sie danach unter starken Depressionen und entschloss sich zu einer Therapie. Als sie zu mir kam, sprachen wir über die Symptome ihrer Depression und ihre Unfähigkeit, Tim vollständig loszulassen.

Tim rief sie noch gelegentlich an, obwohl er an seinem Entschluss festhielt. Dadurch geriet Bettina noch mehr aus dem Gleichgewicht. Im Laufe der Therapie entschied sie sich dafür, den Kontakt zu Tim ganz abzubrechen.

In ihren ersten Therapiestunden kam sie in Berührung mit ihrer Trauer und mit ihren Tränen. Außerdem sprach sie über alles, was sie im Zusammenhang mit Tim vermisste: wie er sie zweimal täglich angerufen hatte, als sie noch zusammen waren, ihre sexuelle Beziehung, und selbst die einfache Gewohnheit, miteinander ins Kino zu gehen. Besonders schmerzlich war für sie der Verlust ihrer gemeinsamen Zukunft. Sie weinte über die geplante Hochzeit. Sie hatten sogar die Namen für ihre zukünftigen Kinder ausgewählt - für Bettina der schmerzlichste Aspekt überhaupt.

Im nächsten Schritt drückte sie ihren Zorn darüber aus, von Tim zurückgewiesen und verlassen worden zu sein. Sie gab zu, allmählich die Motive für sein Handeln zu verstehen, auch die Abhängigkeit von seiner Familie und die Unfähigkeit, sich emotional von ihr zu lösen.

In dieser Zeit rief Tim sie ein weiteres Mal an. Emotional gestärkt, forderte sie ihn auf, sie nicht mehr anzurufen, weil sie keine gemeinsame Zukunft mehr hätten. Solche Anrufe würden sie nur durcheinander bringen. Nachdem sie sich behauptet hatte, empfand sie sich nicht mehr so sehr als Opfer – ihre Depression ließ nach. Jetzt konnte sie auch über die schönen Zeiten sprechen, die sie gemeinsam erlebt hatten, wie er ihr finanziell unter die Arme gegriffen hatte, als sie wieder zur Universität ging. Es gelang ihr, in Kontakt mit ihren Gefühlen der Dankbarkeit ihm gegenüber zu kommen; außerdem erinnerte sie sich daran, wie liebevoll und zärtlich er sein konnte.

Trotz ihrer positiven Empfindungen war Bettina in der Lage, diese Gefühle auf die Therapie zu beschränken. Sie rief Tim nicht an, um ihm diese Gefühle mitzuteilen; denn sie wusste, dies würde nur neue Verwirrung verursachen.

Als Bettina wieder ausging, verglich sie manchmal die Männer mit Tim. Das löste eine große Sehnsucht in ihr aus, denn sie befürchtete, nie wieder einem Mann zu begegnen, mit dem sie sich so wohl fühlen könnte wie mit Tim. Während sie weiter an ihrer Trauer arbeitete, verblassten allmählich ihre Gefühle für Tim, und nach etwa einem Jahr dachte sie ohne Schmerz oder

Schuldgefühle an ihn. Sie betrachtete das Ganze jetzt als Lernerfahrung. Auf emotionaler Ebene fühlte sie sich frei genug, um sich ernsthaft auf einen Mann einlassen zu können. Sie hatte keine Angst mehr davor, wieder eine Beziehung zu riskieren. Sie wusste, sie war fähig, zu lieben, und, falls nötig, einen Verlust zu verarbeiten.

Was können Sie tun,
um den Trauerprozess zu ermöglichen?

- Sport kann bei der Befreiung von Wut hilfreich sein (Laufen, Tennis spielen, Krafttraining oder asiatische Kampfkünste sind großartig!) Alle Aktivitäten, bei denen Sie Ihrer Wut auf physische Weise freien Lauf lassen und Ihre körperliche Anspannung abbauen können, werden helfen.

- Drücken Sie Gefühle auf eine kreative Weise aus: Schreiben Sie Prosa, Gedichte, Lieder, oder malen, singen, tanzen Sie.

- Geben Sie Ihren Gefühlen offen Ausdruck. Sprechen Sie wiederholt mit den Menschen, die Sie unterstützen, über Ihre Empfindungen.

- Ziehen Sie einen Schlussstrich unter ihre Beziehung, indem Sie einen Abschiedsbrief schreiben. Schreiben Sie den Brief so, als ob Ihr Ex-Partner hören könnte, wie der Brief vorgelesen wird. Erwähnen Sie alles, was ausgesprochen werden muss. Lassen Sie beim Schreiben Ihren

Gefühlen freien Lauf. Weinen Sie beim Schreiben, aber senden Sie diesen Brief *auf keinen Fall* ab. Eine machtvolle Erfahrung kann auch sein, diesen Brief einer vertrauten Person vorzulesen – jemand, der Ihre Gefühle nachempfinden kann. Vielleicht möchten Sie den Brief aufbewahren, um ihn nach einiger Zeit wieder in die Hand zu nehmen, oder Sie zerreißen ihn als Symbol für das Ende Ihrer Beziehung.

Rituale können ebenfalls eine Heilung und den Trauerprozess erleichtern.

Donna trauerte nach ihrer Scheidung von Mark; es fiel ihr emotional äußerst schwer, diese Beziehung loszulassen. Am Abend vor ihrem Geburtstag befürchtete Donna, dass sie nicht genügend Kraft aufbringen würde, Mark nicht anzurufen. Also entschloss sie sich, mit ihren Freundinnen Linda und Susanne auszugehen. Gemeinsam gedachten sie dem Ende der Beziehung und fuhren zu diesem Zweck an dem Restaurant vorbei, wohin das Paar jeden Freitag gegangen war. Dann fuhren sie auf den Parkplatz, und Donna erzählte von ihren Erfahrungen mit Mark.

Später fuhren die drei Frauen an den Strand, wo Donna den Ring, den Mark ihr gegeben hatte, vom Finger nahm und ihn ins Meer warf. Dann weinte sie. Linda und Susanne stärkten ihr mitfühlend den Rücken und erzählten von ihren eigenen Verlusterfahrungen. Schließlich gingen alle drei in ein teures Restaurant, um Donnas Geburtstag, das Ende der Beziehung mit Mark und ihre neugewonnene Freiheit zu feiern. Sie verwöhnten sich nach Herzenslust mit Kaffee und Kuchen, erzählten von früheren Beziehungen und Abenteuern mit Männern, und weinten und lachten, bis das Café schloss.

In der folgenden Therapiestunde sagte Donna zu mir, sie fühle sich jetzt wesentlich besser und könne nun das Ende der Beziehung akzeptieren.

Sie können Rituale mit Freunden planen oder selber gestalten. Sie sind einfach eine weitere Möglichkeit, um der Veränderung und Transformation in Ihrem Leben Ausdruck zu verleihen.

Der allerwichtigste Aspekt bei allen Formen von Trauer ist, mit anderen Menschen über Ihre Erfahrungen zu sprechen. Ob Sie nun mit Ihrem Therapeuten, Ihrer besten Freundin, Ihrer Mutter oder sonst jemandem darüber sprechen, Sie werden sich nicht länger allein fühlen oder isoliert sein. Sie fühlen sich verstanden und verbunden. Meist ist es so: Je öfter Sie über das sprechen, was sie erlebten, desto größer wird die Distanz zu Ihrem Schmerz.

In Gegenwart einer mitfühlenden, fürsorglichen Person können Sie über Freude und Leid sprechen - und das heilt jede Wunde oder jedes Trauma.

Schriftliche Übungen

Diese Übungen sollen Ihnen helfen, die Vergangenheit loszulassen. Notieren Sie Ihre Antworten und denken Sie dann darüber nach. Auf diese Weise können Sie Ihre Antworten verarbeiten. Die Auseinandersetzung mit Ihren Gefühlen, während Sie
die Fragen beantworten, ist Teil des Heilungsprozesses.

- Haben Sie Gefühle von Trauer oder Verzweiflung erlebt?

- Haben Sie Wut oder Zorn auf Ihren Ex-Partner gespürt?
  Wodurch hat er Sie wütend gemacht?

- Was können Sie Ihrer Meinung nach tun, um Gefühle
  wie Wut oder Trauer auf eine vernünftige, konstruktive
  Weise auszudrücken?

- Kennen Sie jemanden, mit dem Sie über Ihre Gefühle sprechen können, wenn Sie wütend oder traurig sind? Beschreiben Sie diese Person.

- Wenn Sie mitten in der Nacht von Gefühlen der Wut oder Trauer überwältigt werden, was können Sie selbst tun, um sich wieder zu beruhigen?

- Welches Gedankenbild könnte Ihnen helfen, sich vorzustellen, auf welche Weise Sie dem Ende Ihrer Beziehung mit Hilfe einer Zeremonie gedenken können?

3

Was Sie nach einer Zurückweisung
tun können

Nur weil Sie Trauer oder Schmerz erleiden, müssen Sie nicht den ganzen Tag im Schmerz schwelgen! Es ist auch sehr wichtig, sich nach einem Verlust oder einer Zurückweisung zu verwöhnen. Sie müssen das Selbstbewusstsein wiedererlangen, das Sie vor seiner emotionalen Verletzung hatten. Wie können Sie das erreichen?

Verwöhnen Sie sich als erstes. Machen Sie die nächsten Tage nur das, was Ihnen gut tut, bis der ursprüngliche Schmerz beginnt nachzulassen. Hier sind einige wenige Vorschläge: Gehen Sie zum Friseur. Melden Sie sich zu dem Kurs an, den Sie schon immer machen wollten. Besuchen Sie entfernte Verwandtschaft. Machen Sie Urlaub an Ihrem Traumziel. Gehen Sie den ganzen Tag ins Kino. Gehen Sie in ein Konzert. Gönnen Sie sich eine Massage oder eine Gesichtsbehandlung. Machen Sie einen Einkaufsbummel. Nehmen Sie sich ein paar Tage frei. Unterbrechen Sie Ihre Diät und essen Sie den ganzen Tag Süßigkeiten. Besuchen Sie Freunde und sprechen Sie mit ihnen über Ihren Ex-Partner. Telefonieren Sie wenn nötig die ganze Nacht. Nehmen Sie sich einen Babysitter für die Kinder und gehen Sie tanzen.

Es gibt keine Grenzen! Sorgen Sie für sich und verwöhnen Sie sich mit etwas, das Ihnen Freude bereitet. Tun Sie so, als wären Sie im Urlaub, aber überfordern Sie sich dabei nicht. Halten Sie Ihr Leben möglichst frei von Stress, denn jetzt geht es in erster Linie darum, die nächsten Tage zu überstehen, damit der ursprüngliche Schmerz nachlassen kann.

Verzichten Sie in dieser Zeit unbedingt auf Alkohol oder Drogen. Sie betäuben und verschieben Ihre Schmerzen vielleicht einen Moment lang, aber letztendlich müssen Sie sich dem unvermeidlichen Schmerz stellen. Jetzt kommt es darauf an, nüchtern und zentriert zu bleiben. Sie brauchen jetzt nicht noch zusätzliche Probleme mit irgendeiner Art von Abhängigkeit.

Nach einer Woche werden Sie einige dieser angenehmen Aktivitäten wieder beenden müssen, denn sonst verlieren Sie vielleicht den Job, bekommen Übergewicht oder haben größere Schulden, bis Sie über Ihren Ex-Partner hinweggekommen sind. Es gibt eine Menge Möglichkeiten, das Gleichgewicht wiederzufinden, die weder abhängig machen noch selbstzerstörerisch sind. Hierzu gehört eine individuelle oder eine Gruppentherapie, Selbsthilfegruppen (12-Schritte-Programme), oder Massagen, eine Reflexzonentherapie, Astrologie, Hypnotherapie, Bibliotherapie (Bücher lesen), Gebetskreise, Akupunktur, Meditation usw. – die Liste ist endlos.

Erinnern Sie sich daran: Rufen Sie diesen Mann, der Sie zurückgewiesen hat, bloß nicht an. Sie würden sich nur ein weiteres Mal verletzen, so als würden Sie die Kruste von einer Wunde kratzen. Es würde lediglich die harte Arbeit zunichte machen, die Sie bis jetzt geleistet haben.

Wenn es für Sie unmöglich ist, Ihren Alltag zu bewältigen, und Sie nur mit Mühe aufstehen und zur Arbeit gehen können, weil Sie sich niedergeschlagen fühlen und/oder Selbstmordgedanken haben, sind Sie vielleicht klinisch depressiv und sollten ärztliche Hilfe in Anspruch nehmen. Schämen Sie sich nicht, wenn Sie in Ihrer Situation auf Medikamente zurückgreifen müssen. Durch Verlust und Zurückweisung können frühere Traumata wieder an die Oberfläche kommen, für deren Behandlung möglicherweise eine professionelle Begleitung erforderlich ist.

Unterstützung

Während Sie daran arbeiten, wieder auf die Füße zu kommen, ist es für Sie unentbehrlich, Unterstützung zu haben. Sie brauchen Freunde, die für Sie da sind, wenn Sie den Zwang verspüren, Ihren Ex-Partner anzurufen, oder wenn Sie sich deprimiert und hoffnungslos fühlen.

Wichtig ist, dass die Betreffenden nicht Ihr Verhalten kritisieren, Schamgefühle in Ihnen auslösen oder dafür sorgen, dass Sie sich schlechter fühlen. Diese Menschen sollten Sie emotional unterstützen. Es wäre hilfreich, wenn sie einige der folgenden Eigenschaften besäßen: sensibel, unvoreingenommen, aufbauend, mitfühlend, emotional verfügbar, ermutigend, anerkennend und vertrauenswürdig.

Versuchen Sie, drei Menschen zu finden, die jederzeit für Sie da sind, wenn Sie den Drang verspüren sollten, Ihren Ex-Partner anzurufen, und tragen Sie ihre Telefonnummern ständig bei sich. Dieser unterstützende Kreis von Menschen könnten Familienmitglieder sein, Freunde, Mitarbeiter, Therapeuten oder Geistliche – alle, bei denen Sie sich sicher fühlen. Seien Sie allerdings wählerisch, wem Sie Ihre Probleme anvertrauen. Es ist besser, eine größere Zahl von Freunden zu haben, auf die Sie sich verlassen können, denn Sie wollen niemanden überfordern. Arbeiten Sie stetig daran und setzen Ihre Energie dafür ein, dieses Netzwerk der Unterstützung zu erweitern.

Ein solches Netzwerk zu haben unterstützt Sie darin, keinen Kontakt zu Ihrem Ex-Partner aufzunehmen und lässt Sie sich geliebt und weniger isoliert fühlen. Das Wissen, dass es neben ihm noch Menschen gibt, denen Sie wichtig sind, verbindet Sie mit ihnen. So können Gefühle der Einsamkeit, Depression oder Verzweiflung verhindert werden.

Amy und Tom waren seit fast einem Jahr miteinander befreundet. Amy hatte Tom Halt gegeben, als seine Ehe in die Brüche ging, und Tom war, als Amy sich von ihrem Verlobten trennte, an ihrer Seite gewesen. Es war das erste Mal in ihrer Freundschaft, dass beide ohne Partner waren. Manchmal, wenn sie mittags zum Essen gingen, fielen ihr seine verträumten Blicke auf; Und es war immer Tom, der die Initiative zu ihrem Treffen ergriff. Oft rief er sie abends an, nur um zu fragen, wie es ihr ging, und ihr von seinem Tag zu erzählen. Einmal kaufte er ihr sogar einen Gedichtband.

Amy hatte den Eindruck, dass Tom romantische Gefühle für sie empfinde. Vielleicht, so dachte sie, könnten sie gemeinsam herausfinden, ob eine Beziehung möglich sei. Beim nächsten gemeinsamen Mittagessen erklärte sie Tom, sie fühle sich von ihm angezogen und wüsste gern, was er für sie empfinden würde. Tom war fassungslos und sagte, er habe sie immer wie eine Schwester betrachtet, und glaube nicht, dass sie ein gutes Paar abgeben würden. Außerdem habe er eine Beziehung mit einer anderen Frau begonnen, in die er sich, so glaube er, verliebt habe. Beschämt und verletzt beendete Amy rasch ihr Mittagessen und entschuldigte sich.

Wütend über Toms zweideutige Botschaften und über seine Zurückweisung, glaubte Amy an das Ende ihrer Freundschaft. Dennoch hoffte sie, dass Tom anrufen und ihr sagen würde, er habe einen Fehler gemacht und empfände tatsächlich romantische Gefühle für sie. Eine Woche ging vorbei, ohne dass er sich bei ihr meldete. Amy begriff, dass sie stärker an Tom hing, als ihr bewusst gewesen war. Sie war deprimiert. Sie verspürte den starken Wunsch, ihn anzurufen, aber ihr Gefühl sagte ihr, dass dies erniedrigend sei. Das Beste wäre, den nächsten Schritt zu machen.

An diesem Abend verplante sie die gesamte Woche, um nicht deprimiert zu Hause herumzusitzen und auf einen Anruf zu warten. Tagsüber würde sie zur Arbeit gehen, abends aber würde sie sich beschäftigen, um Toms Anrufe nicht zu vermissen.

Montagabend ging sie zur Massage. Hinterher sah sie sich in einem Programmkino einen Film an, den sie schon längst hatte ansehen wollen, aber immer aufgeschoben hatte. Am Dienstag ging sie mit einer Freundin, die sie schon länger nicht mehr gesehen hatte, zum Abendessen. Hinterher traf sie sich mit einer anderen Freundin in einem Café. Am Mittwoch machte sie einen Einkaufsbummel und kaufte sich das lang ersehnte Kostüm. Als sie nach Hause kam, begann sie den Schmerz über Toms Fernbleiben und seine Zurückweisung zu spüren. Sie rief Freunde an, die an diesem Abend zu Hause waren und sprach mit ihnen über das, was ihr mit Tom widerfahren war. Am Donnerstag ging sie nach zwei Jahren wieder zu ihrer Therapeutin. Dann nahm sie sich zwei Wochen frei und verließ am Wochenende die Stadt, um ihre Schwester und deren Kinder zu besuchen.

Nach dieser Reise fühlte Amy sich etwas besser. Sie hatte in der letzten Woche viel Geld ausgegeben und musste jetzt haushalten. Dennoch beschloss sie, die Therapie so lange fortzusetzen, bis sie sich von Toms Zurückweisung erholt habe und wollte in den nächsten Wochen oft ihre Freunde besuchen. Sie schrieb sich ferner für einen Schauspielkurs ein. Vielleicht, so dachte sie, könne sie dort einige Gefühle besser verarbeiten; außerdem hätte sie eine Möglichkeit, neue Leute kennen zu lernen. Überdies war es immer schon ihr heimlichster Wunsch gewesen, Schauspielerin zu werden. Jetzt, dachte sie, ist eine gute Zeit, um einem meiner Träume nachzugehen, den ich immer aufgeschoben habe.

Schriftliche Übungen

- Kommen durch den gegenwärtigen Verlust und die Zurückweisung frühere Erfahrungen dieser Art wieder hoch?

- Beschreiben Sie Ihre Gefühle für die Person, die Sie verloren haben, oder die Sie zurückgewiesen hat.

- Was könnten Sie jetzt für sich tun, um den Schmerz zu lindern?

- Beschreiben Sie liebenswerte und sympathische Eigenschaften an sich.

- Nennen und beschreiben Sie einige Menschen in Ihrem Leben, die Sie lieben und schätzen. Fügen Sie diejenigen hinzu, die dafür dankbar sind, dass Sie sich in ihrem Leben befinden.

- Gestehen Sie der Person, die Sie zurückgewiesen hat, zu viel Macht zu? Nennen Sie einige ihrer negativen Eigenschaften.

- Machen Sie für diese Woche eine Liste mit Aktivitäten, die helfen, Sie zu heilen und sich wohler zu fühlen.

4

Mangelnde väterliche Fürsorge

Die Sehnsucht nach einem Fantasievater

Wenn die Beziehung zu Ende ist und es Ihnen schwer fällt, loszulassen, oder wenn Sie Ihren aktuellen Partner immer wieder anrufen, weil Sie befürchten, von ihm verlassen zu werden, leiden Sie möglicherweise unter den Folgen einer unangemessenen Vaterbeziehung. Da so viele Mädchen ohne Väter aufwachsen - oder Väter nur sporadisch anwesend sind – ist es leicht zu verstehen, dass Frauen unter einem Mangel an väterlicher Fürsorge leiden können.

So traurig diese Tatsachen sind, aber physische Abwesenheit ist nur eine Form, in der Ihr Vater nicht für Sie verfügbar war. Er war vielleicht auf emotionaler Ebene unzugänglich, hervorgerufen etwa durch eine Abhängigkeit von Sex, Arbeit, Drogen oder Alkohol. Er könnte auch Probleme im Zugang zu anderen Menschen gehabt haben oder sehr distanziert gewesen sein. Vielleicht war er depressiv oder physisch krank oder zu sehr mit sich selbst beschäftigt.

An dieser Stelle ist es wichtig zu erwähnen, dass emotionale Unzugänglichkeit als emotionales Verlassenwerden betrachtet wird und daher ein Verlust ist. Emotionale Unzugänglichkeit kann genau die gleichen traumatischen Folgen haben wie physisches Verlassenwerden.

Die Mutter vor Ihren Augen zu erniedrigen oder zu missbrauchen hat ebenfalls eine negative Vaterbeziehung zur Folge, denn als kleines Mädchen identifizieren Sie sich mit Ihrer Mutter und verinnerlichen die Weise, in der sie von Ihrem Vater behandelt wird. Jede Art von Streit oder Partnermissbrauch vor einem Kind ist für das Kind eine seelische Belastung und traumatisierende Erfahrung. In solchen Momenten dachte Ihr Vater nicht an Sie oder an die langfristigen negativen Auswirkungen, die der Missbrauch auf Sie haben würde.

Und selbstverständlich handelte Ihr Vater nicht väterlich, wenn er Sie auf physische, sexuelle oder emotionale Weise missbraucht hat. Dies ist der extremste Fall eines Vaters, der nur seine eigenen Probleme und Bedürfnisse sieht. Er ist völlig unfähig, auf die Bedürfnisse seiner Tochter nach väterlicher Fürsorge einzugehen.

Sie haben nicht genügend Fürsorge in Ihrer Vaterbeziehung erhalten, wenn:

- Ihr Vater zu sehr mit sich selbst und seinen Problemen beschäftigt war.
- seine Bedürfnisse immer wichtiger waren als Ihre.
- er Sie physisch, sexuell oder emotional missbraucht hat.

- er Sie und Ihre Familie äußerlich und/oder finanziell im Stich gelassen hat.

Sie hatten Anspruch auf einen Vater mit folgenden Eigenschaften:

- einfühlsam
- verständnisvoll
- an Ihnen interessiert
- verstehend (anstatt verwirrend und voll doppeldeutiger Botschaften)
- Ihnen gegenüber respektvoll
- fähig, Sie ernst zu nehmen
- bereit, finanziell für Sie zu sorgen, während Sie aufwuchsen

Ich war zwölf, als meine Eltern sich scheiden ließen. Obwohl mein Vater arbeitete, verließ er uns, um sich um „seine eigenen Sachen zu kümmern" und zahlte keinerlei Unterhalt für seine Kinder. Ich, meine Mutter und mein Bruder wurden von ihm in einem Haus zurückgelassen, das zur Zwangsvollstreckung ausgeschrieben war. Unser Auto wurde zurückgefordert, weil mein Vater die Raten nicht bezahlte. Meine Mutter war Hausfrau und hatte keine für den Arbeitsmarkt geeigneten Fähigkeiten. Wir gerieten in Armut. Obwohl meine Mutter versuchte, unsere Ansprüche auf gerichtlichem Wege geltend zu machen, war mein Vater in der Lage, die Forderungen zu umgehen und zahlte nur selten. Er machte auch nie den Versuch, mich bei meiner Universitätsausbildung finanziell zu unterstützen. Ich ließ mich jedoch nicht davon abhalten, hatte gleichzeitig drei verschiedene Jobs und schloss meine Ausbildung ab.

Selbst heute, als erwachsene und beruflich engagierte Frau, fällt es mir schwer, seinen Egoismus und seinen Mangel an väterlichem Instinkt und Fürsorge zu verstehen. In meinen ersten Beziehungen waren die Männer genauso gutaussehend, charmant und egozentrisch wie mein Vater. Bis zu dem Zeitpunkt, als ich mit einer Therapie begann und die Gefühle des im Stichgelassenwerdens verarbeitete, vergeudete ich viel Zeit und Energie mit Männern, die unfähig waren, eine gesunde Beziehung zu führen.

Mangelnde väterliche Fürsorge und Ihre Beziehungen

Wenn Sie ebenfalls unter einer mangelnden väterlichen Fürsorge aufgewachsen sind, könnte dies Ihre Beziehungen zu Männern in unterschiedlichster Weise beeinflussen:

- Sie reagieren möglicherweise panisch, wenn sie spüren, dass ein Mann sich von Ihnen distanziert oder Sie verlässt. Diese Angst geht auf unbewusste Erinnerungen an den Weggang Ihres Vaters zurück, den Sie psychisch nicht verarbeitet haben. Ihre Furcht vor Verlust oder Zurückweisung kann dazu führen, dass Ihr Verhalten verzweifelte oder klammernde Züge annimmt bis hin zum Gefühl der Erniedrigung und Selbstzerstörung.

- Sie lassen sich auf Männer ein, die Ihrem Vater ähneln, in dem Versuch, die Vergangenheit zu ändern und zu klären. Es ist, als ob man versucht, einen Tropfen Wasser aus einem trockenen Schwamm herauszupressen: Sie versuchen, Liebe von einem Mann zu bekommen, der vielleicht unfähig ist, zu lieben – so wie Ihr Vater. Es ist eine traurige Tatsache, dass Sie Millionen Männern wie Ihrem Vater begegnen können, doch Sie werden nie die väterliche Fürsorge bekommen, die Sie als Kind brauchten. Dafür ist es zu spät. Dieses Trauma stets aufs Neue zu wiederholen wird Ihnen niemals die Fürsorge geben, die Sie brauchten. Nur Sie können jetzt, als Erwachsene, diese Wunde heilen.

- Sie lassen sich auf Männer ein, die Ihrem Vater ähnlich sind, weil Sie sich emotional nicht von ihm gelöst haben (obwohl Sie vielleicht keinen Kontakt zu ihm haben!). Indem Sie sich auf solche Männer einlassen, kann das kleine Mädchen in Ihnen mit dem Vater seiner Kindheit verbunden bleiben. Es klingt wie eine Ironie, dass es Ihnen schwer fallen könnte, sich von jemandem zu lösen, der in der Vergangenheit nicht für Sie da war. Vielleicht hängen Sie immer noch an dem Bild eines Vaters, nach dem Sie sich sehnten, aber niemals hatten.

Wenn Sie sich emotional nicht von diesem Bild lösen können, werden Sie unrealistische Erwartungen an Männer haben oder ebenso unrealistische Forderungen an sie richten. Beispielsweise erwarten Sie in einer Beziehung von einem Mann, dass er einige Ihrer Rechnungen bezahlt oder Ihnen materielle Dinge kauft. Dadurch drücken Sie Ihre Sehnsucht nach Fürsorge aus, so wie Sie es sich von Ihrem Vater als Kind wünschten. Solche Ansprüche können einen Mann abschrecken, denn er ist auf der Suche nach einer Freundin oder Partnerin, und nicht nach einer Tochter!

Vielleicht erwarten Sie von Männern bedingungslose Liebe, weil Sie denken, ein Mann könne Sie unmöglich verlassen, wenn er Sie auf diese Weise liebt. Dies kann dazu führen, dass Sie seine Entscheidung, die Beziehung zu beenden, nicht akzeptieren und folglich würde es Ihnen schwer fallen loszulassen. Dieser Weg führt zu dem gleichen altbekannten, selbstzerstörerischen Verhaltensmuster.

Unrealistische Erwartungen von bedingungsloser Liebe können Ihnen auch das Gefühl geben, alles mit einem Mann ohne Konsequenzen machen zu können. Das ist natürlich für einen Erwachsenen eine vollkommen unrealistische Annahme. Jedes Verhalten zieht Konsequenzen nach sich. Wenn Sie Dinge tun, um Ihren Partner zu verärgern oder abzustoßen, könnte er Sie zurückweisen oder verlassen. Er ist nicht Ihr Vater, oder der Vater, den Sie gerne gehabt hätten. Ein Mann wird an Ihrer Seite bleiben, weil er es will, und nicht, weil er sich dazu verpflichtet fühlt. Ihr Vater war dazu während Ihrer Kindheit verpflichtet und dieser Anspruch sollte Ihrem Vater gelten, nicht jedoch Ihrem Partner!

Wenn Sie merken, dass Sie eines dieser Verhaltensmuster leben, müssen Sie Ihre Vaterthemen auflösen, um zu verhindern, dass Ihre Chancen auf eine erfolgreiche Partnerschaft sabotiert, ruiniert oder zumindest verringert werden.

Das kleine Mädchen loslassen

Wie können Sie sich emotional von Ihrem Vater lösen? Wie können Sie sich von den Schmerzen und dem Leid erholen, die benötigte und ersehnte Liebe nicht bekommen zu haben?

Der Schlüssel, um den Vater Ihrer Vergangenheit loszulassen und sich von dem zu erholen, was Ihnen als Kind verweigert wurde, ist *Klagen* und *Trauern*. Sie müssen um das kleine Mädchen klagen und trauern, das von seinem Vater nicht die Liebe und emotionale Unterstützung bekam, die es brauchte und auf die es Anrecht hatte. Das gilt auch für den romantischen Heldenvater, den Sie als kleines Mädchen idealisierten, der Sie aber enttäuschte. Er war der Mann, der Sie verlassen hat!

Sobald Sie mit den Gefühlen von Zurückweisung, Entbehrung und Verlust in Kontakt kommen, können eine Menge Schmerz, Wut und Zorn auftauchen. In der Regel ist es besser, sich solch intensiven Emotionen in der Gegenwart eines Psychotherapeuten, in einer Selbsthilfegruppe oder bei unterstützenden Freunden zu stellen, obwohl es alleine auch möglich ist. Oft können Sie Trauer und Schmerz auch durch Kreativität verarbeiten – so wie berühmte Künstler, Schriftsteller und Musiker ihre tiefen Gefühle in ihren Werken verarbeiten.

Und das Allerwichtigste: Sie müssen Ihre Liebe für Ihren Vater wiedererwecken. Alle kleinen Mädchen lieben und bewundern ihren Vater. Ich auch – leidenschaftlich. Genau genommen war ich Vaters Mädel, und deshalb litt ich wohl so unter seinem Weggehen.

Ihre Liebe und Bewunderung für Ihren Vater und seine fehlende Erwiderung haben diese Wunde verursacht. Hier entsteht Ihr Herzeleid, und hier muss die Heilung geschehen. Selbst wenn wir älter geworden sind, sehnen wir uns manchmal heimlich nach der Liebe und Bewunderung unserer Väter. Elyce Wakerman hat dies in ihrem Buch „Der verlorene Vater" (Heyne Verlag) auf perfekte Weise beschrieben:

Ich stand vor dem Spiegel – ein fünfzehnjähriges Mädchen – und schmetterte ein Lied. Ich bin allein an diesem pubertären Zufluchtsort, meinem Schlafzimmer, lasse meine äußere Zurückhaltung fallen, die Teil meines täglichen Daseins ist, drücke die Schultern durch, werfe die Haare zurück und singe aus vollem Herzen: „Ich bin der größte Star. Ich bin es ganz klar, aber niemand weiß es." Hinter dem Spiegelbild der Sängerin steht das lächelnde Publikum – eine Person, die im Gegensatz zu allen anderen meine Qualitäten als Star schätzt. Hier, in der geliebten Abgeschiedenheit meines Zimmers, unterhalte ich eine Fantasiegestalt, und ich kann vor dem Spiegel meine Sehnsucht nach seinem Beifall anerkennen. Manchmal – da ich jetzt erwachsen bin und von solchen Dingen erzähle – fra-

ge ich mich immer noch, beispielsweise am Ende eines
Kapitels: „Daddy, klatschst du Beifall?"

Nur, wenn Sie als Erwachsene bewusst in Kontakt mit allen Gefühlen für Ihren Vater gekommen sind, wird es Ihnen gelingen, sich emotional von dem Vater Ihrer Vergangenheit zu lösen. Dann werden Sie ihn realistischer sehen, weder als Monster noch als romantischen Helden. Sie werden vielleicht erkennen, dass er Ihnen wegen seiner schlechten Kindheit kein besserer Vater sein konnte. Sicherlich hat er als kleiner Junge nicht die Liebe bekommen, die er gebraucht hätte. Sie waren niemals der Grund für sein Verhalten – Sie waren niemals nicht liebenswert oder seiner Liebe unwürdig. Es war sein Problem. Sobald Sie das begreifen, kann Ihr Leben sich verändern.

Erst in dem Moment, als Lindas Beziehung zu Ivan schon so gut wie beendet war, tauchten ihre Probleme mit ihrem Vater auf. Linda war seit einem Jahr mit Ivan zusammen, als sie zu mir in die Beratung kam. Ivan war geschieden und hatte zwei kleine Töchter, für die seine Frau das Sorgerecht besaß. Fünf Tage in der Woche arbeitete er auf Baustellen und sah seine Töchter nur an den Wochenenden. Linda arbeitete als Sekretärin; sie hatte die Absicht, zu heiraten und eine Familie zu gründen. Alles lief gut, bis Ivans Exfrau ihn bat, mehr Zeit mit den Kindern zu verbringen, während sie sich von den Folgen einer Operation erholen wollte. Linda versuchte, Verständnis für Ivans zusätzliche Verantwortung aufzubringen, aber schon nach kurzer Zeit war sie voller Zorn und Eifersucht. Sie begann, Ivan häufiger anzurufen, obwohl ihr seine Irritation bewusst war. Am

Ende tauchte sie unangemeldet bei Ivan zu Hause auf, doch meist war er dann zu sehr mit seinen Töchtern beschäftigt, anstatt Zeit für sie zu haben. Linda fühlte sich zurückgewiesen.

Eines Abends hatten sie einen schrecklichen Streit, in dem Linda Ivan vorwarf, nicht genug Zeit für sie zu haben. Ivan sagte, er fühle sich überlastet und es wäre besser, sich für eine Weile zu trennen. Linda war am Boden zerstört und begann, Antidepressiva zu nehmen, die aber ihrer Meinung nach nicht halfen. So entschloss sie sich, es mit einer Therapie zu versuchen. Als sie zu mir kam, begann sie, ihre Vergangenheit zu erforschen und kam in Kontakt mit vielen, tief verborgenen Gefühlen ihrem Vater gegenüber.

Während Linda aufwuchs, arbeitete ihr Vater sechzehn Stunden täglich. Er war selten zu Hause und Linda verbrachte die meiste Zeit allein oder mit ihrer Mutter. Es gab nur wenige Erinnerungen an Momente, in denen sie viel Zeit mit ihrem Vater verbracht hatte. Er war vor fünf Jahren gestorben. Für Linda war es notwendig, umfassender über seinen Tod und die fehlende väterliche Fürsorge, die sie ihrem Empfinden nach nie bekommen hatte, zu trauern.

Sie sprach ausführlich in vielen Sitzungen über ihre Gefühle in den Momenten, als ihr Vater nicht für sie da war. Sie konnte die Sehnsucht nach Aufmerksamkeit von Seiten ihres Vaters nachempfinden. Ihr Neid auf Ivans Beziehung zu seinen Töchtern wurde ihr mehr bewusst. In vielen Sitzungen weinte sie, als sie in Kontakt kam mit den Gefühlen der Zurückweisung und des emotionalen Verlassenwerdens durch ihren Vater. Ihr wurden ihre vielen Beziehungen bewusst, in denen ihre Liebe unerwidert blieb, da sie auf diese Weise die Beziehung zu ihrem Vater wiederholte. Sie weinte auch über seinen Tod, denn beide würden nie mehr eine Chance haben, die Dinge zu bereinigen.

Eines Abends rief Ivan Linda an, und sie verabredeten sich zu einem Gespräch. Linda erzählte Ivan alles über ihre Therapie und was sie dadurch gelernt hatte. Ivan, ein verständnisvoller, mitfühlender Mann, war sehr offen für Lindas Veränderungen. Seine Fähigkeit, mit der zusätzlichen Verantwortung für die Kinder umzugehen, hatte sich verbessert, so dass er jetzt mehr Zeit für eine Beziehung hatte. Linda und Ivan zogen schließlich zusammen und denken jetzt daran, zu heiraten.

Erst nach ihrer Trauerarbeit war Linda freier in ihrer Beziehung zu Ivan, in der sie bis dahin nur die ungelösten Konflikte mit ihrem Vater wiederholte.

Wenn Sie getrauert und sich emotional von der negativen Beziehung zu Ihrem Vater gelöst haben, können Sie eine bessere Wahl treffen, welcher Mann für eine Beziehung geeignet ist. Sie müssen diese Trauerarbeit leisten, damit Sie nicht für den Rest Ihres Lebens diese schmerzvolle Erfahrung des Verlassenwerdens wiederholen. Sie müssen Ihre Vaterkonflikte verarbeiten, damit Sie nicht die Gefangene Ihrer Vergangenheit bleiben, sondern die Kontrolle über Ihr Leben und Ihr Schicksal in der Hand haben.

Schriftliche Übungen

- Beschreiben Sie kurz Ihren Vater.

- Beschreiben Sie seine fürsorglichen Qualitäten.

- Beschreiben Sie, auf welche Weise er sich als Vater unangemessen verhalten hat.

- Beschreiben Sie, wie sein Vater war.

- Beschreiben Sie, wie seine Kindheit verlaufen ist.

- Beschreiben Sie Möglichkeiten, wie Ihr Vater fürsorglicher hätte sein können.

- Beschreiben Sie, auf welche Weise Ihnen die väterliche Fürsorge vorenthalten wurde, während Sie aufgewachsen sind.

- Hat Ihr Vater Sie in irgendeiner Form missbraucht - physisch, emotional oder Ähnliches? Wenn ja, dann beschreiben Sie es hier.

- Hat Ihr Vater Ihre Mutter in irgendeiner Form missbraucht? Wenn ja, schreiben Sie es auf.

- Was lehnen Sie an Ihrem Vater ab?

- Was bewundern Sie am meisten an Ihrem Vater?

- Beschreiben Sie die Eindrücke, die Sie als kleines Mädchen von Ihrem Vater hatten.

- Beschreiben Sie Ihre Eindrücke von ihm, als Sie ein Teenager waren.

- Beschreiben Sie Aspekte, von denen Sie sich psychologisch von Ihrem Vater lösen müssen – die Sie aufarbeiten müssen.

- Beschreiben Sie, wie Sie möglicherweise Kindheitsmuster im Zusammenhang mit Ihrem Vater wiederholen.

- In welcher Weise ähneln die Männer, mit denen Sie sich einlassen, Ihrem Vater?

- Wie unterscheiden sie sich von ihm?

- Welche Ihrer Eigenschaften ähneln denen Ihres Vaters?

- Wenn Sie den idealen Vater hätten haben können, wie wäre er gewesen?

- Wie hat sich die Beziehung zu Ihrem Vater entwickelt? Wenn er noch lebt, wie sieht Ihre Beziehung zu ihm heute aus?

5

Mütter und Männer

Ist Ihnen vielleicht aufgefallen, dass der Mann, den Sie so schwer loslassen können, Sie an Ihre Mutter erinnert? Die meisten Frauen sind eng mit ihren Müttern verbunden; letzten Endes waren es in erster Linie Frauen, die die meisten von uns nach unserer Geburt versorgt haben. Selbst wenn Sie sich in Männer verlieben, kann es sein, dass Sie von Männern angezogen werden, die die gleichen Charakterzüge wie Ihre Mutter besitzen.

Manchmal verlieben wir uns in einen Mann, der sich uns gegenüber in der gleichen Weise verhält wie unsere Mutter. Wenn Ihre Mutter nicht genügend Aufmerksamkeit für Sie hatte und Ihnen nicht gut zuhörte, lassen Sie sich vielleicht auf einen Mann ein, der ein schlechter Zuhörer ist. Wenn Ihre Mutter zu sehr mit sich selbst beschäftigt war und ihre Bedürfnisse für sie wichtiger waren als Ihre, begegnet Ihnen vielleicht ein Mann, dem seine Bedürfnisse mehr bedeuten als Ihre. Dann wird es Ihnen schwer fallen, diesen Mann loszulassen, wenn die Beziehung endet, denn es ist, als müssten Sie Ihre Mutter loslassen.

Hatte Ihre Mutter ein Konkurrenzthema und war lieblos, fühlten Sie sich vielleicht ungeliebt. Oder sie war voller Selbsthass und verhielt sich Ihnen gegenüber gehässig, so dass Sie möglicherweise ihren Hass verinnerlichten und am Ende nur ein geringes Selbstwertgefühl entwickeln konnten.

Oft kopieren wir das Verhältnis unserer Mütter zu Männern. Wenn sie das missbräuchliche Verhalten von Männern akzeptierte, könnten Sie ebenfalls ein solches Verhalten tolerieren. Wenn Ihre Mutter sich vor dem Alleinsein fürchtete und sich an ihren Mann klammerte, wiederholen Sie dieses Muster vielleicht und klammern ebenfalls.

Die meisten Frauen lieben ihre Mutter, selbst wenn sie frustriert oder wütend auf sie sind. Ist unsere Beziehung erfolgreicher als die unserer Mutter, fühlen wir uns schuldig, weil wir mehr Liebe von einem Mann bekommen als sie. Es schmerzt, wenn wir unsere Mütter leiden sehen. Wir spüren ihren Schmerz, als wäre es unser eigener. (Manchmal weigern wir uns, unsere Mütter auf emotionaler Ebene loszulassen, also halten wir an ihr fest, indem wir ihre Lebensmuster wiederholen.) Wir lassen uns auf Männer ein, die uns unangemessen behandeln, oder auf hoffnungslose Beziehungen, die so sind wie die, die unsere Mütter mit ihren Männern hatten. Wir geraten in Sackgassen ohne erfolgversprechenden Ausweg, damit wir nicht glücklicher als unsere Mutter sind. Wenn sie gelitten hat, kopieren wir ihr Verhalten und halten an Männern fest, die uns nicht gut tun, nur weil unsere Mütter dies taten. Manchmal halten wir an unseren Müttern fest, indem wir von Männern angezogen werden und uns auf sie einlassen, die unseren Vätern ähneln. Manchmal gehen wir sogar vor Männern auf die Knie und erniedrigen uns, weil es Angst machen kann, wenn wir glücklicher und erfolgreicher sind als unsere Mütter.

Ich war über zwanzig, als ich über mehrere Jahre hinweg Beziehungen zu Männern hatte, die denen meiner Mutter in meiner Kindheit ähnelten. Sie tolerierte immer wieder das unberechenbare, manchmal auch missbräuchliche Verhalten meines Vaters. Irgendwann wurde sie dann wütend, hatte von allem genug und verließ ihn, nur um ihm wieder eine neue Chance zu geben, wenn er versprach, sich zu bessern. Das wiederholte sich immer wieder aufs Neue – das reinste Chaos. Eine Psychotherapie und innere Arbeit an mir waren nötig, um neue Formen im Umgang mit Männern zu lernen, die sich von dem Verhalten meiner Mutter in meiner Kindheit unterschieden.

Wie können Sie sich emotional von Ihrer Mutter lösen und sich ändern? Bearbeiten Sie die Themen, die mit Ihrer Mutter und ihrem Verhältnis zu Männern zu tun haben, in einer Therapie. Entwickeln Sie Freundschaften mit älteren Frauen, die für Sie Vorbild und Mentorin sein können. Lesen Sie psychologische Ratgeber. Beobachten Sie das Verhalten von Frauen, die positive Beziehungen zu Männern haben. Werden Sie sich mehr und mehr Ihres eigenen Verhaltens bewusst, anstatt unbewusst das Verhalten Ihrer Mutter nachzuahmen und die Vergangenheit zu wiederholen.

Anders zu sein als Ihre Mutter stellt eine Möglichkeit dar, um den nächsten Schritt zu tun und sich von ihr zu trennen. Das könnte die verschiedensten Gefühle des Verlustes und der Liebe für Ihre Mutter an die Oberfläche bringen. Vielleicht müssen Sie den Verlust der kindlichen Bindung an Ihre Mutter betrauern. Die eigene Mutter zurückzulassen kann eine sehr schmerzvolle Erfahrung sein, aber dies ist die emotionale Arbeit, die Sie möglicherweise leisten müssen, um weiterzugehen und sich zu verändern, damit Sie eine erfolgreiche Partnerschaft mit einem Mann führen können.

An der emotionalen Trennung von Ihrer Mutter zu arbeiten bedeutet nicht, dass Sie sie weniger lieben. Es bedeutet einfach nur, dass Sie weniger symbiotisch miteinander verbunden und in die Probleme des anderen verstrickt sind. Tatsächlich wird Ihre Beziehung wegen Ihrer Objektivität sogar noch liebevoller sein. Obwohl ich jetzt emotional mehr Abstand zu meiner Mutter habe als damals mit zwanzig, habe ich eine enge Verbindung mit ihr, und sie ist ein wichtiger Teil meines Unterstützer-Systems.

Bedenken Sie, dass Frauen erst in jüngster Zeit finanziell unabhängig geworden sind. Historisch betrachtet waren Frauen auf Männer angewiesen, um finanziell überleben zu können, und sie blieben deshalb unter allen Umständen bei ihnen. Das Problem des Festhaltens an ungesunden Beziehungen könnte deshalb auch eine Generationenfrage sein. Aus diesem Grund ist das Erlernen neuer Verhaltensmuster nicht wirklich ein Zurücklassen unserer Mütter, sondern schafft für unsere Töchter, Nichten, Enkelinnen und alle Frauen zukünftiger Generationen die Möglichkeit, emotional gesündere, weniger schmerzvolle und befriedigende Beziehungen zu haben.

6

Welche Gedanken Sie an Ihren Ex-Partner binden können

Ein Mann kann manchmal eine Frau gedanklich so stark beschäftigen, dass es ihr noch schwerer fällt ihn loszulassen, wenn die Beziehung in die Brüche geht.

Das Idealisieren des Ex-Partners

Ein immer wiederkehrendes Problem ist, den Ex-Partner zu idealisieren – man glaubt, dass er scheinbar perfekt und einzigartig ist – und schreibt ihm eine magische Wirkung zu. Wenn Sie ständig daran denken, wie unglaublich beeindruckend er ist, und dass Sie nie wieder einem solch perfekten Exemplar von Mann begegnen werden, werden Sie niemals in der Lage sein, loszulassen und weiterzugehen. Versuchen Sie, ihn realistisch zu sehen; konzentrieren Sie sich, wenn nötig, auf seine Schwachstellen, sonst wird das Loslassen zu einem nie endenden Kampf.

Als Berndt und Karin sich zum ersten Mal trafen, sagte er ihr, er lebe getrennt von seiner Frau. Danach erwähnte Berndt das Thema nie wieder. Eines Samstagabends benahm er sich seltsam, bis er schließlich nach einigen Gläsern Wein Karins Drängen nachgab und ihr gestand, dass er darüber nachdenke, sich wieder mit seiner Frau zu versöhnen. Karin war wie vor den Kopf gestoßen. Sie sahen sich noch einige Male, doch schließlich zog Berndt wieder zu Hause ein. Karin hörte nie wieder von ihm. Sie zwang sich, mit anderen Männern auszugehen, verglich aber jeden neuen Mann mit Berndt. Nach etwa einem Jahr kam sie in meine Praxis, da sie das Gefühl hatte, Gelegenheiten mit interessanten Männern zu verpassen, weil sie nicht aufhören konnte, an Berndt zu denken.

Schriftliche Übungen

- Was macht ihn Ihrer Meinung nach so besonders oder einzigartig?

- Beschreiben Sie das magische Gefühl, das Sie in seiner Gegenwart spüren, und das Sie Ihrer Meinung nach niemals mit einem anderen Mann erleben werden.

- Beschreiben Sie die Eigenschaften an ihm, die Sie so sehr lieben. Nennen Sie jede einzelne.

- Kannten Sie einen Mann mit ähnlichen Eigenschaften Ihres Ex-Partners, für den Sie in etwa ähnliche Gefühle hatten? Beschreiben Sie ihn und seine Qualitäten.

- Gibt es Männer in Ihrem gegenwärtigen Leben, die einige der Eigenschaften Ihres Ex-Partners haben, und die Sie attraktiv finden? Nennen Sie diese.

- Können Sie sich vorstellen, mit einem anderen Mann zusammen zu sein, der eine starke Anziehungskraft auf Sie ausübt? Wenn ja, beschreiben Sie einige seiner Charakterzüge, die Sie anziehen.

- Besitzt der Mann, den Sie idealisieren (Ihr Ex-Partner) irgendwelche Schwächen? Nennen Sie jede einzelne.

- Hat dieser Mann Sie verletzt? Wenn ja, beschreiben Sie, was passiert ist.

Der letzte Ritt

Wenn Sie glauben, Ihr Ex-Partner sei die letzte Chance gewesen, um mit einem Märchenprinzen auf einem weißen Ross davonzureiten, werden Sie sich lang anhaltenden Schmerz bereiten.

Der Gedanke, niemals wieder einem Mann zu begegnen, bei dem Sie die gleiche Leidenschaft oder Anziehung verspüren wie bei Ihrem Ex-Partner, erschwert Ihnen das Loslassen. Zu denken, er sei Ihre letzte Chance auf Liebe gewesen, wird Sie dazu bringen, vor ihm auf die Knie zu fallen (bildlich oder wörtlich), wenn er Sie verlässt.

Sie *müssen* an eine neue Liebe glauben. Viele meiner Klientinnen haben befürchtet, sich nie mehr verlieben zu können – nur um zu erleben, dass sie einen neuen Mann attraktiv fanden, als sie ihren Ex-Partner gehen ließen. Loslassen bedeutet, neue Türen zu öffnen.

Und es ist eine Ausrede, keinen Partner mit über fünfunddreißig oder vierzig zu finden! Tausende von Frauen über vierzig heiraten und gründen eine Familie.

Als Berndt die Beziehung mit Karin beendete, war sie dreiundvierzig. Sie fürchtete, die letzte Chance zur Gründung einer Familie verpasst zu haben – die letzte Chance, das wahre Glück mit einem Mann zu finden. Aber durch die Therapie und die sie unterstützenden Menschen, änderte sie ihre Meinung und gab sich selbst und dem Leben eine neue Chance. Sie trat einer Partnervermittlung bei, begann Kontaktanzeigen zu lesen und nahm häufiger an Veranstaltungen ihrer Firma teil. Nach zwei Monaten lernte sie einen neuen Mann kennen, der auf sie eine ungeheure Anziehungskraft ausübte und ebenfalls vorhatte, eine Familie zu gründen.

Schriftliche Übungen

Wenn Sie der Meinung sind, dass dies Ihre letzte Chance in Sachen Liebe ist (der *letzte Ritt*), dann beantworten Sie folgende Fragen:

- Hatten Sie jemals eine aufregende Beziehung vor diesem Mann? Wenn ja, beschreiben Sie diese.

- Wenn Sie vor dieser Beziehung einen Mann geliebt haben, dann begründen Sie, warum Sie glauben, dass diese letzte Beziehung Ihre letzte Chance in Sachen Liebe war.

- Wird Ihnen von Ihrer Familie oder Ihrem kulturellen Hintergrund vermittelt, dass es ab einem gewissen Alter hoffnungslos ist, eine Liebe finden zu wollen?

- Wenn Sie besonders hoffnungslos sind, dann beschreiben Sie, wie sich das anfühlt. Was sind die Gründe für Ihre Hoffnungslosigkeit?

- Wenn Ihre Freundin in der gleichen Situation wäre, was würden Sie ihr sagen? Hätten Sie in ihrem Fall mehr Hoffnung als für sich selbst?

- Nennen Sie fünf Menschen, die über vierzig sind und eine neue Liebe gefunden haben. Sie dürfen auch Berühmtheiten aufzählen, wenn sie das möchten.

Romantisieren

Eine andere Denkweise, die Sie an Ihren Ex-Partner bindet, ist das *Romantisieren*. Wie bereits erwähnt, ist es wichtig, mit den Gefühlen der Sehnsucht und des Verlangens als Teil des Lösungsprozesses in Berührung zu kommen. Aber manche Frauen haben die Tendenz, sich ständig zu sehnen. Sie wissen nicht, wann es Zeit ist, damit aufzuhören. Nach einer Weile kann es masochistisch werden, wenn Sie sich weiter einbilden, er würde zu Ihnen zurückkommen.

Manchmal wird das Romantisieren durch kulturelle Einflüsse verstärkt – denken Sie nur an die vielen Liebeslieder, in denen Frauen davon singen, sie könnten ohne Liebe nicht überleben. Einerseits gibt es nichts Besseres als einen guten, romantischen Film oder ein Lied, die Sie in Kontakt mit Ihren Gefühlen bringen, anderseits gibt es die traurige Realität, dass einige Frauen ihr Leben für eine romantische Liebe zerstört haben. Oftmals geht es bei einer romantischen Liebe mehr um die verzweifelte Hoffnung als um die Wirklichkeit. Sie wird zu einer Flucht aus der Tatsache, dass die Beziehung beendet ist.

Michaela verbrachte ein ganzes Jahr damit, Briefe an einen Mann zu schreiben und von ihm zu träumen, den sie nur selten sah. Sie war achtundzwanzig, als sie Daniel, einen Maschinenbauingenieur, kennen lernte. Ihre Beziehung war etwa vier Wochen alt, als Daniel befördert und zu einer Niederlassung seiner Firma im Nahen Osten versetzt wurde. Als er sich verabschiedete, sagte er zu Michaela, er werde ihr schreiben und versuchen, an Weihnachten wieder da zu sein. Er schrieb ihr einmal im

Monat. Michaela dagegen schrieb ihm im Laufe eines Jahres beinahe hundert Briefe. Michaela war Künstlerin, eine fantasievolle Frau mit einer großen Vorstellungskraft. Sie konnte Stunden damit verbringen, von Daniel und ihrem irgendwann gemeinsamen Leben zu träumen. Ein anderer Mann bat sie, mit ihm auszugehen, doch obwohl sie ihn attraktiv fand, lehnte sie sein Angebot in dem Gedanken ab, sie müsse Daniel treu bleiben. Sie suchte mich in meiner Praxis auf, als sie von Daniel einen Brief erhielt, in dem er schrieb, dass er eine Frau heiraten werde, die er bei der Arbeit kennen gelernt habe. Sie war wütend auf sich und auf Daniel, weil sie ein Jahr ihres Lebens vergeudet hatte.

Die ständigen Fantasien und Träume von einem romantischen Wiedersehen mit einem Mann, der nicht für Sie da ist, lohnen sich nicht. Wenn Ihre Sehnsucht zu einem Dauerzustand wird, hindert Sie das daran, neue Männer kennen zu lernen oder sich für neue Erfahrungen zu öffnen. Wenn Sie nicht irgendwann beginnen, neue Erfahrungen zu machen, werden Sie sich weiter an die Vergangenheit klammern. Verwandeln Sie stattdessen die Energie der romantischen Hoffnung, dass er zurückkehren wird, und richten Sie sie auf den Glauben, dass Sie jemand Neues kennen lernen werden.

Schriftliche Übungen

Wenn Sie zu romantisch sind, um loszulassen, dann beantworten Sie diese Fragen:

- Sind Sie generell sehr romantisch (lesen Sie z. B. gern romantische Bücher, hören sentimentale Musik oder lieben romantische Filme ...)?

- Was verursachte das Ende der Beziehung?

- Wenn Sie absolut offen und ehrlich sind, schreiben Sie über die realistische Chance, dass Sie beide wieder zusammenkommen.

- Würden Sie einer Freundin raten, zu warten, wenn sie sich in der gleichen Situation befände?

- Verbringen Sie eine Menge Zeit mit Träumen und Fanta-
  sievorstellungen von Männern und Beziehungen? Wie
  viele Stunden? Beeinträchtigt das Ihre Arbeit oder Ihren
  Alltag?

- Verbringen Sie mehr Zeit damit, von Ihrem Partner zu
  träumen, als Sie tatsächlich Zeit mit ihm verbringen?

- Schreiben Sie auf, wie Sie Ihrer Meinung nach die Realität verneinen und die Situation romantisieren. Seien Sie
  aufrichtig.

Nachdenken über die Vergangenheit

Manchmal werden in einer Beziehung Dinge gesagt oder getan, die wir lieber vermieden hätten. Wenn Sie ständig darüber
nachdenken, was Sie vielleicht zur Trennung beigetragen haben,
werden Sie am Ende verrückt. Sie können nicht ungeschehen
machen, was geschehen ist. Vielleicht haben Sie einen Fehler
begangen, aber Sie sind ein Mensch, und Menschen sind nicht
perfekt. Anstatt wie besessen an der Vergangenheit und Ihren

Fehlern festzuhalten, lernen Sie besser, wie Sie sich vergeben können.

Rufen Sie Ihren Ex-Partner nicht an, um zu versuchen, etwas wieder ungeschehen zu machen! Sie werden alles nur noch verschlimmern und erfahren vielleicht erneut eine Zurückweisung, was wiederum zu einem erneuten „Das hätte ich nicht tun dürfen!" führen würde. Leider können wir die Dinge nicht ändern, die in der Vergangenheit geschehen sind. Lernen Sie aus dieser Erfahrung und blicken Sie nach vorn.

Schriftliche Übungen

Wenn Sie versuchen, ungeschehen zu machen, was geschehen ist:

- Was haben Sie getan, dass Sie bedauern?

- Wenn Sie die Zeit zurückdrehen könnten, was hätten Sie anders gemacht?

- Glauben Sie wirklich, dass Ihr Tun sich so nachteilig auf Ihre Beziehung ausgewirkt hat? Wenn ja, warum?

- Ist es Ihnen schwer gefallen, sich selbst zu verzeihen? Wenn ja, warum?

- Welche Schritte können Sie unternehmen, um sich jetzt zu vergeben?

Wenn doch nur ...

Sie halten immer noch wie besessen an den Ereignissen fest, die zur Verschlechterung oder zum Ende der Beziehung führten. Sie denken wieder und wieder darüber nach, wie alles hätte anders sein und ein glücklicheres Ende nehmen können. „Wenn doch nur, wenn doch nur, wenn doch nur...“. Sie müssen akzeptieren, was geschehen ist. Sie können Ihre Zukunft durch das verändern, was Sie aus dieser Erfahrung gelernt haben. Wenn Sie sich auf die Vergangenheit fixieren, wird Sie das lediglich frustrieren und unglücklich machen.

Besessen von Ihrem Ex-Partner und der Vergangenheit zu sein ist eine Möglichkeit, Ihre Gefühle zu kontrollieren. Sie wollen den Schmerz des Verlustes nicht spüren, also benutzen Sie diese Manie als Möglichkeit, schmerzliche Gefühle zu vermeiden. Wenn also obsessive Gedanken in Bezug auf die Vergangenheit hochkommen, sollten Sie versuchen, mit dem Schmerz über Ihren Verlust in Berührung zu kommen und durch den Trauerprozess hindurchzugehen. Gestatten Sie sich zu weinen. Sprechen Sie über Ihre Gefühle mit jemandem, dem Sie vertrauen, (nicht mit Ihrem Ex-Partner!).

Analysieren und intellektualisieren Sie nicht endlos das, was geschehen ist. Sie versuchen lediglich, die Vergangenheit zu kontrollieren. Sie können weder Ihren Ex-Partner noch die Vergangenheit kontrollieren, ganz gleich, wie oft Sie darüber nachdenken. Beenden Sie jetzt diesen Teufelskreis. Schauen Sie nicht mehr zurück!

Schriftliche Übungen

- Über welche Umstände, die zum Ende der Beziehung geführt haben, denken Sie ständig nach?

- Sind Sie der Meinung, dass die von Ihnen beschriebenen Umstände tatsächlich der Grund für das Ende der Beziehung waren? Warum, oder warum nicht?

- Wenn Sie die Zeit zurückdrehen und die Umstände ändern könnten, was wäre dann geschehen?

- Jetzt, da Sie sich vorgestellt haben, wie die Dinge anders gelaufen wären, *lassen Sie sie los.* Schreiben Sie ein Happy End darüber, wie die Dinge in Wirklichkeit gelaufen sind.

Der perfekte Schluss

Das Ende einer Beziehung ist niemals perfekt! Akzeptieren Sie die Art und Weise, in der sie zu Ende ging, und blicken Sie nach vorn. Wenn Sie aus irgendeinem Grund den Drang verspüren, Ihren Ex-Partner anzurufen, um sich für verletzende Worte zu entschuldigen, oder möchten Sie ein Gefühl ausdrücken, um einen perfekten Schlussstrich zu ziehen – dann tun Sie es nicht. Rufen Sie diesen Mann bloß nicht an! Sie erleben möglicherweise eine Zurückweisung oder werden verletzt, und dann müssen Sie wegen eines perfekten Schlussstriches noch einmal anfangen. Akzeptieren Sie die Art und Weise, wie die Beziehung in die Brüche ging – samt ihren Fehlern. Das Leben ist kein Gemälde, das man perfekt gestalten kann. Das Leben ist unerfreulich und nicht perfekt. Richten Sie Ihre Energie auf das Akzeptieren der Situation und auf den Blick in die Zukunft.

Schriftliche Übungen

- Was wäre Ihrer Vorstellung nach das perfekte Ende gewesen?

- Schreiben Sie über die Frustration, dass die Beziehung nicht Ihrem Wunsch entsprechend beendet wurde.

Lass uns Freunde bleiben

Wenn Sie sich von einem Mann getrennt haben, ist es das Beste, *nicht* befreundet zu bleiben. Sie machen sich nur etwas vor, wenn Sie glauben, seine Erzählungen über die andere Frau, mit der er sich trifft, würden Sie nicht quälen. Warum sollten Sie unnötig Frustration und Schmerz durchmachen? Es ist leichter, zu vergessen, zu heilen und weiterzugehen, wenn Sie nicht an Ihren Ex-Partner erinnert werden, nicht mit ihm sprechen und erfahren, was er vorhat.

Es ist besser, einen *endgültigen Schlussstrich* zu ziehen und keinen Kontakt mehr mit Ihrem Ex-Partner zu haben, wenn Sie es verhindern können. Sollten Sie der Begegnung nicht ausweichen können, weil Sie den gleichen Arbeitsplatz oder gemeinsame Kinder haben, sollten Sie versuchen, die Beziehung förmlich und auf die Arbeit oder die Kinder ausgerichtet zu halten. Arbeiten Sie daran, klare Grenzen zu setzen und halten Sie eine emotionale Distanz, wenn Sie mit ihm in Kontakt bleiben müssen.

Vielleicht können Sie Freunde werden, wenn Sie einen anderen Mann kennen gelernt haben oder einige Zeit vergangen ist. Ich kenne Frauen, die zusammen mit Ihren Ex-Partnern arbeiteten oder gemeinsame Kinder hatten und nach einigen Jahren in der Lage waren, positive Freundschaften mit ihnen aufzubauen.

Schriftliche Übungen

• Möchten Sie als Ausrede mit Ihrem Ex-Partner befreundet bleiben, weil Sie versuchen, wieder mit ihm zusammenzukommen? Beschreiben Sie Ihre wahren Gefühle.

• Sind Sie jemals mit einem Ex-Partner befreundet geblieben? Wie hat es funktioniert?

• Wenn Sie Kinder mit Ihrem Ex-Partner haben oder mit ihm zusammenarbeiten, beschreiben Sie die Momente, in denen Sie sich vielleicht begegnen werden. Benennen

Sie Begebenheiten, in denen Sie mit ihm sprechen oder umgehen können und sich trotzdem sicher fühlen und keinen Rückschlag erleiden.

* *Es gibt ein Leben nach Ihrem Ex!* Sagen Sie es laut oder leise – hundert Mal am Tag oder mehr! Sie müssen neuen Männern eine Chance geben. Hören Sie auf, neue Männer mit Ihrem Ex zu vergleichen, und Sie werden sicherlich neue Qualitäten oder Eigenschaften an einem Mann entdecken, der Sie früher nie angezogen hätte. Man kann nie wissen, was (oder wer) hinter der nächsten Ecke steht. Eine neue Welt könnte sich zeigen. Ein völlig neues Kapitel Ihres Lebens könnte beginnen!

7

Der ambivalente Mann

Sind Sie schon einmal einem Mann begegnet, der Sie in einer Nacht wie eine Sexgöttin behandelt und Sie dann die nächsten zwei Wochen nicht anruft? Oder der Sie zu einem wundervollen Skiwochenende mitnimmt und dann aus Ihrem Leben verschwindet? Und Sie können sich nicht vorstellen, was Sie falsch gemacht haben! Sie können sich seine Zurückweisung nicht erklären, wo er Ihnen doch gezeigt hat, dass er Sie mag oder vielleicht sogar liebt. Nun, Sie sind einem *ambivalenten Mann* begegnet!

Viele Frauen aus meiner Selbsthilfegruppe und aus meinen Workshops hatten mit ambivalenten Männern zu tun, was ihnen sehr schwer fiel, sie loszulassen, wenn die Beziehung in die Brüche ging. Nach der Trennung begannen sie zu analysieren, welche Fehler sie gemacht haben könnten, um das verwirrende Verhalten dieser Männer auszulösen. Sie hatten nie gewusst, woran sie mit diesen Männern waren, da von ihnen ständig doppeldeutige Botschaften ausgingen.

Das unvorhersehbare Verhalten eines ambivalenten Mannes kann Ihnen das Gefühl geben, zurückgewiesen und verlassen zu werden, so dass Sie in Panik geraten und sich an ihn klammern. Folglich werden Sie dazu verleitet, ihn anzurufen und ihn in einer ungesunden Weise zu verfolgen.

Sich mit einem ambivalenten Mann einzulassen kann Sie verrückt machen, denn sein Verhalten ist völlig unlogisch und verwirrend. Da Sie sein unvorhersehbares Verhalten nicht verstehen können, versuchen Sie alles, was sich zwischen Ihnen abgespielt hat, zu analysieren, um herauszufinden, welchen Fehler Sie gemacht haben könnten. Sie machen sich Vorwürfe und fühlen sich schuldig für Dinge, die Sie gesagt oder getan haben, über die Sie sich sonst nie Gedanken gemacht hätten.

Mit großer Wahrscheinlichkeit haben Sie nichts falsch gemacht, denn in den meisten Fällen liegt es an ihm. Sie mochten ihn lediglich und waren dabei, sich zu verlieben, was einem ambivalenten Mann schon genügt, um verrückt zu spielen.

Welche Anzeichen deuten auf einen ambivalenten Mann?

- Er sagt, dass er Sie liebt und beginnt dann eine Beziehung mit einer anderen Frau.
- Er sagt Ihnen, dass er Sie vermisst und bei Ihnen sein möchte, nimmt sich aber keine Zeit dafür.
- Er zeigt ein starkes sexuelles Interesse an Ihnen, doch bei der nächsten Begegnung wirkt er distanziert und geschäftsmäßig.

- Er ruft Sie nicht an, wenn er es verspricht.
- Er hat mit einer anderen Frau (oder Frauen) ein Verhältnis, sagt aber, dass er nur mit Ihnen eine Beziehung möchte.
- Er lässt Sie bei Verabredungen sitzen.
- Sie führen ein intensives Gespräch und fühlen sich wirklich verbunden, doch bei Ihrem nächsten Gespräch reagiert er kühl.
- Manchmal verschwindet er wochenlang aus Ihrem Leben.

Was veranlasst einen ambivalenten Mann, sich so zu verhalten?

Der ambivalente Mann kann charmant, gebildet und intelligent sein, ist aber in der Regel emotional unreif und sucht nach sexueller, emotionaler oder materieller Befriedigung. Vielleicht sucht er auf eine Weise nach Befriedigung, die ihm unbewusst ist, was sein Verhalten besonders unlogisch erscheinen lässt. Bekommt er seine Befriedigung nicht, entfernt er sich und distanziert sich dabei auf emotionaler Ebene.

Man kann ihn als infantil beschreiben, als jemanden, der auf psychosexueller Ebene nicht den Punkt erreicht hat, eine Frau als ein von ihm getrenntes Wesen zu erkennen; er sieht Frauen als eine Erweiterung seiner selbst an. Ein solcher Mann ist völlig auf seine eigenen Bedürfnisse fixiert und deshalb unfähig, Ihre Bedürfnisse wahrzunehmen. Er wird in Panik geraten, wenn ihm die Nähe innerhalb einer Beziehung zu groß wird, und sich von der Frau, der er sich nahe fühlt, wie eingeschlossen oder verschlungen fühlen. Als Folge wird er sich distanzieren, oder er verschwindet, um seine Ängste zu beruhigen.

Vielleicht hat er Angst davor, sich emotional bedürftig zu fühlen. Wenn er sich verliebt und dann abhängig fühlt, verlässt er die Frau, damit er keine Panik und keine Schamgefühle wegen seiner Verletzlichkeit und Bedürftigkeit spüren muss.

Vielleicht ist seine Angst vor Nähe durch einen Missbrauch in der Kindheit entstanden. Vielleicht betrachtet er Sie auch als entweder absolut gut oder böse und beendet den Kontakt, wenn er meint, dass Sie etwas „Schlechtes" getan haben. Sie werden vielleicht nie erfahren, was das war.

Als Anke und Karl sich kennen lernten, glaubte sie, er wäre alles, wonach sie gesucht hatte. Er sah gut aus, war charmant und kreativ; er arbeitete als Werbemanager. Sie trafen sich einige Male zum Mittagessen in romantischen, teuren Restaurants. Bei ihrer zweiten Verabredung kam Karl in Ankes Büro, wo sie sich leidenschaftlich küssten. Anke konnte sich nicht erinnern, jemals so starke sexuelle Gefühle für einen Mann empfunden zu haben. Sie glaubte, die glücklichste Frau der Welt zu sein, da sie einem derart attraktiven Mann begegnet war, der dasselbe für sie zu empfinden schien. Doch dann begannen seltsame Dinge zu geschehen.

Ihr fiel auf, dass Karl sie niemals abends anrief, sondern lediglich tagsüber, wenn sie im Büro war. Er hatte ihr eine private Telefonnummer gegeben, doch sie schöpfte Verdacht und versuchte mehrmals, ihn unter dieser Nummer zu erreichen, aber er ging nie ans Telefon. Sie hörte jedes Mal lediglich eine Ansage. Nach weiteren Nachforschungen fand sie heraus, dass es sich um eine Voicemail-Nummer handelte! Als sie Karl damit konfrontierte, gestand er, sie wegen der Telefonnummer belogen zu haben und mit einer anderen Frau zusammenzuleben. Aus Angst davor, wieder allein zu sein und keinem anderen Mann begegnen zu können, für den sie eine so intensive Leidenschaft empfinden könnte, entschloss sich Anke, Karl weiter zu treffen in der Erwartung, dass er seine Partnerin verlassen würde.

Er rief sie noch ein paar Tage regelmäßig an; dann wurden seine Anrufe seltener. Er sagte ihr, er müsse geschäftlich einen Termin einhalten, aber schließlich verabredeten sie sich noch einmal. Einen Tag vorher rief er sie an und sagte die Verabredung ab; er müsse in letzter Minute zu einem Geschäftstermin außerhalb der Stadt. Anke reagierte verärgert und hielt ihm vor, sich nie die Zeit zu nehmen, um sie zu sehen, obwohl er ihr andauernd sagte, er vermisse sie. Karl wurde wütend und warf Anke vor, ihn unter Druck zu setzen. Anke beschlich das Gefühl, bei diesem Mann langsam den Verstand zu verlieren: er nahm sich keine Zeit, um sie zu sehen, warf ihr aber vor, ihn unter Druck zu setzen! Er zeigte ein starkes sexuelles Interesse an ihr, nahm sich aber keine Zeit, sie zu treffen, um diese Leidenschaft auszuleben. Anke spürte einen starken Zwang, ihn anzurufen und dachte sogar daran, in seinem Büro aufzutauchen und ihn mit seinem Verhalten zu konfrontieren, das sie so sehr verwirrte. Sie wollte ein für allemal herausfinden, was er wirklich für sie empfand. Allerdings wusste sie intuitiv, dass dies nicht der beste Weg war, mit dieser Situation umzugehen. Sie rief mich an, um einen Termin zu vereinbaren.

Karl war ein stark selbstbezogener, ausbeuterischer Mann. Er hatte Anke von Anfang an über sein geheimnisvolles Privatleben belogen. Er hatte ihr zu Beginn ihrer Begegnung keine Möglichkeit gegeben, zu entscheiden, ob sie sich auf einen Mann einlassen wollte, der mit einer anderen Frau zusammenlebte. Karl betrachtete Anke nur als jemanden, durch den er seine sexuellen oder emotionalen Bedürfnisse befriedigen konnte. Er sah sie einfach als eine Erweiterung seiner selbst. Ihr Wohlergehen war ihm völlig egal.

Ein Mann wie Karl agiert emotional auf eine so eingeschränkte Weise, dass er zu echter Intimität nicht fähig ist. Er ist unfähig, Mitgefühl zu empfinden oder Einfühlungsvermögen zu zeigen, denn er denkt nur darüber nach, was für ihn dabei herauskommt. Er kann nicht wirklich fürsorglich und nährend sein. Dieser Mann wird sich widersprüchlich verhalten und gegensätzliche Botschaften senden.

Er ist leidenschaftlich, findet aber dennoch keine Zeit, sich mit Anke zu treffen, was nur logisch wäre. Er sagt zu ihr, dass er sie mag, belügt und manipuliert sie aber gleichzeitig und weigert sich, sein ambivalentes Verhalten zuzugeben. Ein Mann wie Karl kann eine Frau dazu bringen, ihn zwanghaft anrufen zu wollen, denn nachdem er sie mit Aufmerksamkeit überschüttet hat, führt sein distanziertes Verhalten dazu, dass sie sich verlassen und zurückgewiesen fühlt. Sie gerät in Panik und läuft ihm hinterher, weil sie befürchtet, etwas falsch gemacht zu haben und ihn zu verlieren.

Wie gehen Sie mit einem ambivalenten Mann um?

Wenn Sie mit einem ambivalenten Mann zu tun haben, der Ihnen doppeldeutige Botschaften sendet und Sie mit seiner Widersprüchlichkeit verrückt macht, dann:

- Machen Sie sich keine Vorwürfe. Es ist sein Problem, nicht Ihres! Nehmen Sie es nicht persönlich. Betrachten Sie sich weder als zurückgewiesen noch als wertlos. Sehen Sie in ihm einen Menschen mit ernsten Problemen, die seine Fähigkeit zu einer intimen Beziehung beeinträchtigen.
- Versuchen Sie nicht, ihm zu helfen, indem Sie seine Probleme für ihn lösen. Sie können sich mit ihm auseinander setzen und dabei Ihre Gefühle von der Seele reden; ändern werden Sie allerdings nichts, denn es hat nichts mit Ihnen zu tun. Wenn Sie etwas Gutes für ihn tun wollen, ermutigen Sie ihn, sich professionelle Hilfe zu suchen.
- Widerstehen Sie der Sehnsucht, ihm näher kommen zu wollen. Sie haben verständlicherweise Angst davor, ihn zu verlieren, aber seine Gefühle für Sie sind möglicherweise der Auslöser für sein ambivalentes Verhalten. Es wird daher nicht funktionieren, wenn Sie ihm hinterherlaufen.
- Lassen Sie sich nicht von seinem Zeitplan bestimmen. Erledigen Sie Ihre eigenen Dinge. Arbeiten Sie mit den schriftlichen Übungen in diesem Buch. Lassen Sie *jetzt* los. Ver-

wenden Sie Ihre Energie für sich selbst, nicht für seine Probleme. *Ziehen Sie sich zurück.*

- Akzeptieren Sie sein verwirrendes Verhalten so, wie es ist. Endloses Analysieren und der Versuch, ihn zu verstehen, können Sie in den Wahnsinn treiben, denn es gibt keine gesunde Logik in seinem Verhalten.

- Arbeiten Sie daran, herauszufinden, warum Sie mit einem Mann zusammen sind, der Sie verrückt macht und verunsichert.

- Setzen Sie ihm und sich selbst Grenzen für sein Verhalten (akzeptieren Sie z. B. nicht, dass er Sie versetzt). Halten Sie sich dabei an Ihr Wort! Ein ambivalenter Mann mag es nicht, wenn man ihm Grenzen setzt, da sie von ihm verlangen würden, Ihre Bedürfnisse zu verstehen und zu akzeptieren – wozu er emotional nicht in der Lage ist, also verschwindet er vielleicht. Das ist aber kein großer Verlust.

- Stellen Sie ihm kein Ultimatum. Sie möchten, dass er mit Ihnen zusammen ist, weil es *sein* Wunsch ist – und nicht, wegen seiner eigenen Angst, verlassen zu werden, oder weil er manipuliert werden muss, um mit Ihnen zusammen zu sein.

Anke befolgte diese Ratschläge. Sie rief Karl nicht an und zwang sich, sich vollständig von der ganzen Situation und von dem, was geschehen war, zu lösen. Sie hatte mit dem „Ruf bloß nicht an"-Programm begonnen und ging wieder mit anderen Männern aus. Obwohl sich die Beziehung mit Karl unbeendet anfühlte, hatte sie die Beziehung einfach losgelassen.

Als Karl sie schließlich anrief, setzte sie ihm Grenzen. Sie erklärte ihm, sie wolle ihn nicht treffen, außer, wenn er sich für sie mindestens einmal die Woche Zeit nähme. Ferner gab sie ihm einen Monat Zeit, seine Freundin zu verlassen, oder sie würden sich nicht mehr sehen. Karl ärgerte sich über diese neuen Bedingungen. Er provozierte einen Streit und legte auf. Anke hörte nie wieder von ihm. Und statt ihn anzurufen und sich bei ihm zu entschuldigen oder ihm hinterherzulaufen, blieb sie weiter bei dem Programm des Loslassens. Irgendwann lernte sie dann einen beziehungsfähigen Mann kennen, der ihr das Gefühl gab, beschützt und verstanden zu sein. Sie erkannte jetzt: hätte sie sich weiter auf Karls Bedingungen eingelassen, wäre sie nie ihrem neuen Freund begegnet.

Warum sind Sie mit einem ambivalenten Mann zusammen?

Viele Frauen, die sich auf ambivalente Männer einlassen, konzentrieren sich auf Leidenschaft und Erregung und merken dabei nicht, ob ein Mann beziehungsfähig ist. Sie übersehen seine emotionalen Begrenzungen.

Wenn Ihr Bedürfnis nach schneller Befriedigung von Erregung, Leidenschaft und Drama das wichtigste Kriterium bei der Auswahl eines Mannes ist, sollten Sie bedenken, dass viele Psychopathen, Mörder und Vergewaltiger gutaussehende, faszinierende Typen sind. Sie können charmant, warmherzig (zumindest oberflächlich) und sehr sexy sein. Vielleicht sind gutes Aussehen und eine starke Ausstrahlung nicht wirklich die besten Charaktereigenschaften, auf die Sie sich konzentrieren sollten, wenn Sie nach einem Mann für eine liebevolle Beziehung suchen!

Eigenschaften, die zeigen, dass es sich *nicht* um einen ambivalenten Mann handelt:

- Er investiert Zeit und Energie in Ihre Beziehung.
- Er ruft Sie an, wenn er es versprochen hat.
- Er versucht in keiner Weise, Sie auszubeuten oder zu benutzen.
- Er achtet auf Ihre Gefühle.
- Er zeigt Mitgefühl.
- Er ist in der Lage, zuzuhören, wenn Sie etwas zu sagen haben. Er hört Ihnen aufmerksam zu.
- Er treibt Sie nicht in den Wahnsinn.

Ein *nicht* ambivalenter Mann lässt Sie sich in der Beziehung geborgener fühlen, so dass Sie nicht gezwungen sind, ihn ständig anzurufen.

Schriftliche Übungen

Um herauszufinden, ob Sie sich mit einem ambivalenten Mann eingelassen haben, beantworten Sie folgende Fragen:

- Sendet Ihnen der Mann, auf den Sie sich eingelassen haben, widersprüchliche Signale? Wenn ja, nennen Sie sie.

- Verwirrt Sie sein Verhalten manchmal? Wenn ja, wie?

- Hat er noch mit anderen Frauen außer Ihnen ein Verhältnis? Wie können Sie das herausfinden?

- Fällt es ihm schwer, ein Versprechen zu halten?

- Welches Gefühl gibt Ihnen die Beziehung? Fühlen Sie sich geborgen?

- Welche Gefühle löst sein Verhalten bei Ihnen aus? Verbringen Sie viel Zeit damit, sich darüber den Kopf zu zerbrechen?

- Bringt Sie sein verwirrendes Verhalten dazu, ihn anrufen zu wollen?

- Hat er Sie oder andere jemals ausgenutzt? Welche Beispiele haben Sie?

- Zeigt er die Fähigkeit, Mitgefühl oder Einfühlungsvermögen zu empfinden? Wenn ja, wie?

- Hat er jemals Sie oder andere belogen? Glauben Sie, dass er Sie jetzt belügt?

Wenn Sie alle Fragen beantwortet haben, betrachten Sie noch einmal die Liste mit den Eigenschaften eines Mannes, der *nicht* ambivalent ist. Überlegen Sie, ob der Mann, mit dem Sie eine Beziehung haben, ambivalent ist. Trägt er zu dem Problem bei, dass Sie ihm hinterherlaufen und ihn anrufen wollen?

Ich möchte noch einen weiteren Typus des ambivalenten Mannes erwähnen, der es nicht einmal bis zur ersten Verabredung schafft. In der Regel handelt es sich um einen Bekannten, Mitarbeiter oder einen nicht sehr engen Freund, der mit Ihnen flirtet, der zu Ihnen ins Büro kommt, um mit Ihnen die ganze Zeit zu reden, der Sie berät, der Ihnen Gefallen tut, ohne etwas dafür zu erwarten, oder Ihnen verträumt in die Augen schaut.

Wenn Sie sich dann von ihm angezogen fühlen und ihn nach seinen Gefühlen fragen, wird er jegliches romantische oder sexuelle Interesse an Ihnen *verneinen*. Sie dagegen haben das Gefühl, als ob er Sie verführen oder Ihnen zweideutige Botschaften senden würde, was einen auf Dauer verrückt machen kann.

Solch ein Mann hat häufig Angst vor Nähe. Er lebt seine Sehnsucht nach einer Beziehung aus, indem er sich verführerisch verhält, zieht sich aber bereits bei der bloßen Aussicht auf eine Beziehung zurück. In den meisten Fällen ist er sich seines verführerischen Verhaltens nicht bewusst, bis man ihn darauf aufmerksam macht.

Liegt ein Kindheitstrauma vor, schämen sich einige Männer für ihre sexuellen Gefühle oder fühlen sich erniedrigt und projizieren ihre romantischen oder sexuellen Sehnsüchte auf Sie, so, als ob Sie einzig und allein diese Gefühle empfinden würden.

Manche Männer haben eine Menge Wut auf Frauen und erleben einen Kick, wenn sie durch ihr verführerisches Verhalten Hoffnungen auf romantische Absichten erwecken und die Frau dann zurückweisen. Diese Art von ambivalenten Männern sind die gefährlichsten, denn Frauen haben manchmal große Probleme, solche Beziehungen loszulassen, da der Mann ihnen eine Menge Aufmerksamkeit widmet. Oder sie idealisieren diesen Mann in dem Glauben, niemals mehr einem Mann zu begegnen, der so viele wundervolle Qualitäten besitzt wie er.

Wenn Sie die Freundschaft mit diesem Mann genießen, könnten Sie versuchen, mit ihm eine platonische Beziehung zu führen, aber möglicherweise werden Sie am Ende eine Menge Schmerz und Enttäuschung erleben.

Ich kenne Frauen, die solchen Männern Zeit ließen in der Hoffnung, dass sie sich letztendlich ändern und sich auf romantischer oder sexueller Ebene mit ihnen einlassen würden. Aber solange sich diese Männer nicht in eine Therapie begeben, werden sie weiterhin mit ihren Problemen kämpfen müssen, und das Selbstwertgefühl der Frau wird mehr und mehr unter ihren Zurückweisungen leiden.

Es ist besser, wenn Sie Ihre Zeit und Energie darauf verwenden, herauszufinden, warum Sie mit einem Mann zusammen sein müssen, der behauptet, weder romantisch noch sexuell an Ihnen interessiert zu sein.

Schriftliche Übungen

- Fühlen Sie sich von einem Mann angezogen, mit dem Sie keine romantische Beziehung haben, der Ihnen zweideutige Botschaften sendet? Wenn ja, beschreiben Sie ihn und sein Verhalten. In welcher Weise verhält er sich verführerisch?

- Wenn Sie ihn mit seinen zweideutigen Signalen konfrontieren wollen, was würden Sie sagen?

- Erleben Sie Frustration oder Zurückweisung in dieser Beziehung? Ist diese Beziehung das wirklich wert?

- Wäre es ein großer Verlust für Sie, diese Beziehung aufzugeben? Wenn ja, was ist schlimmer, Verlust oder Frustration und Zurückweisung?

8

Er wird sich nicht ändern!

Wenn Sie glauben, dass ein Partner, der Sie wieder und wieder enttäuscht und Ihnen wehgetan hat, sich ändern wird, müssen Sie Ihre *falschen Hoffnungen* begraben, wenn Sie keine wertvollen Jahre Ihres Lebens vergeuden wollen! Unzählige Frauen kamen in meine Praxis und haben darauf bestanden, dass ihr Partner sich trotz wiederholter Enttäuschungen mit Hilfe von genügend Geduld und Zeit ändern werde. Solange Ihr Partner sich nicht einer langfristigen Individual- oder Gruppentherapie bei einem äußerst fähigen, namhaften Psychotherapeuten unterzieht, *wird er sich nicht ändern.* Sie bekommen das, was Sie vor sich sehen. Wenn Sie glauben, er würde sich auf wundersame Weise ändern, *machen Sie sich etwas vor.*

Manche Frauen haben die großartige Vorstellung, ihren Partner zurechtrücken zu können, indem sie denken, sie würden ihn verändern. *Das ist reine Fantasie. Sie sind nicht seine Therapeutin.*

Manche Frauen glauben, ihre Unfähigkeit, ohne Mann funktionieren zu können, sei das Zeichen einer „großen, romantischen Liebe". Das ist nicht so. Es zeugt vielmehr von einer extremen, krankhaften Abhängigkeit, wenn Ihr Partner Sie physisch oder emotional stark missbraucht. Die Wahrheit ist, dass Sie *als Erwachsene nicht* völlig physisch und emotional abhängig von ihm sind. Es *fühlt* sich nur so an.

Frauen klammern sich oft an aussichtslose, schmerzliche Beziehungen, weil sie sich vor der Leere in ihrem Leben, ohne Partner, fürchten. Wenn Sie die Hoffnung aufgeben, so denken sie, würde ihr Partner seine Haltung ändern und die Beziehung beenden. Was folgt ist die Leere – ein dunkles Vakuum – so angsteinflößend, dass jegliche Art von Beziehung mit dem Partner alles Leid aufwiegt, das sie ertragen müssten. Manche Frauen befürchten sogar einen psychischen Zusammenbruch, falls sie ihren Partner verlieren. Sie würden eher den Schmerz und die Erniedrigung ihrer nicht funktionierenden, unbefriedigenden Beziehung ertragen, als durch den Schrecken des Alleinseins zu gehen.

Dieses beängstigende Gefühl der Leere existierte bereits, bevor Sie Ihren Partner kennen lernten. Es entstand vielleicht in der Kindheit, als die Eltern einige Ihrer Bedürfnisse nicht erfüllten und Sie sich vernachlässigt fühlten. Dieses dunkle Vakuum kann ebenso eine unterschwellige Depression überdecken, mit der Sie vielleicht schon seit geraumer Zeit leben, ohne sie zu bemerken - vielleicht haben Sie einen chaotischen Lebensstil entwickelt, um Ihr Gefühl der Leere zu überdecken.

Die Unfähigkeit Ihrer Eltern, Ihnen das zu geben, was Sie als kleines Mädchen brauchten, ist der Grund, warum Sie ein abweisendes, verletzendes und vielleicht sogar missbräuchliches Verhalten ertragen und sich an die falsche Hoffnung klammern, er könne sich ändern. Frauen, die als Kind angemessen geliebt und versorgt wurden, verlassen in der Regel einen Mann, der sie missbräuchlich behandelt. Sie kleben nicht an ihm in der Erwartung, mit *Krümeln* abgespeist zu werden. Sie spüren, dass sie *jetzt* ein Anrecht haben auf eine für beide Seiten erfüllende Liebesbeziehung.

Um die emotionale Abhängigkeit von einem Mann, der Sie wieder und wieder enttäuscht oder verletzt hat, hinter sich zu lassen, müssen Sie auf einer psychologischen Ebene an sich arbeiten und einige der Wunden aus Ihrer Kindheit heilen. Ein Teil der psychologischen Arbeit schließt den Trauerprozess über die nie erhaltene Liebe und Fürsorge ihrer Eltern ein. Die Unfähigkeit Ihrer Eltern, Ihnen all das zu geben, stammt vermutlich aus ihrer eigenen emotional unerfüllten Kindheit. Die Befreiung von einigen Aspekten Ihres Kindheitstraumas macht es Ihnen leichter, emotional unabhängiger zu werden und weniger verzweifelt die Liebe irgendeines Mannes zu suchen, der sie Ihnen geben kann.

Wenn Sie bereit sind, zu akzeptieren, dass ein Mann, der Sie wiederholt verletzt und enttäuscht hat, sich nicht ändern wird, dann *müssen Sie* sich ändern. Sie müssen die Fantasie aufgeben, dass er sich irgendwann Ihretwegen ändern und sich dann Ihr Leben zum Besseren ändern wird. Wenn Sie Ihre Verantwortung für die Entscheidung akzeptieren, ob Sie in einer unglücklichen, nicht funktionierenden Beziehung bleiben oder gehen wollen, werden Sie innerlich erstarken und weniger verzweifelt sein. Auch ist es dann weniger wahrscheinlich, dass Sie an einer frustrierenden, aussichtslosen, erschöpfenden Beziehung festhalten. Sie werden mehr Selbstachtung und ein größeres Selbstwertgefühl entwickeln und offener für eine Begegnung mit einem erwachseneren, fürsorglicheren und weniger belasteten Mann sein. Letztendlich werden Sie eine gesunde Liebesbeziehung erleben.

Evelyn, eine sechsundzwanzigjährige Schauspielerin, hatte sich auf eine Beziehung mit Kevin, dem vierunddreißigjährigen Leiter der Personalabteilung eingelassen, den sie bei einem Aushilfsjob kennen gelernt hatte. Kevin hatte ihr von Anfang an klar gemacht, dass er nur eine oberflächliche Beziehung ohne Verpflichtungen wollte. Angezogen von seinem guten Aussehen und seiner Ausstrahlung akzeptierte Evelyn Kevins Bedingungen in der Hoffnung, dass er sich ändern und irgendwann eine tiefere Beziehung haben wolle, die sogar vielleicht mit einer Hochzeit enden könnte.

Sie trafen sich nur, wenn Kevin anrief. Bei den wenigen Malen, die Evelyn ihn anrief, verhielt er sich kühl und distanziert und sagte, er sei beschäftigt. Evelyn schwor, völlig am Boden zerstört durch sein abweisendes Verhalten, ihn nie wieder anzurufen. Nach einigen Tagen hörte sie wieder von ihm und er kam, um die Nacht mit ihr zu verbringen. Bei einigen wenigen Gelegenheiten hatte sie versucht, mit Kevin über ihre Frustration über die Beziehung zu sprechen. Doch er hatte immer nur mit

Geringschätzung reagiert und das Thema gewechselt. Einmal hatte er sie sogar angeschrien. Evelyn spürte oft, dass er selbstsüchtig und wenig an ihren Gefühlen interessiert war, aber da sie ihre sexuelle Beziehung außerordentlich genoss, hoffte sie weiterhin, dass er sich irgendwann ändern würde.

Eines Abends erwartete sie ihn zum Abendessen. Sie verbrachte Stunden damit, ein ausgesuchtes Menü zuzubereiten, aber Kevin erschien nicht. Am nächsten Morgen rief er sie an und entschuldigte sich mit der Erklärung, er hätte etwas Dringendes zu erledigen und keine Möglichkeit gehabt, sie anzurufen. Als Evelyn herausfinden wollte, was geschehen war, reagierte Kevin verunsichert und gereizt und sagte, sie solle nicht so aufdringlich sein. Dann legte er auf. Entsetzt und enttäuscht von Kevin und der Beziehung beschloss Evelyn, zu versuchen, ihn zu vergessen und neu anzufangen, doch einige Tage später rief Kevin wieder an. Mit seinem entschuldigenden und verführerischen Ton bat er Evelyn, als Ausgleich für den verpatzten Abend mit ihm ins Kino zu gehen. In der Hoffnung, dass er sich endlich geändert und sich seines selbstsüchtigen Verhaltens bewusst geworden wäre, sagte sie zu. Als sie aus dem Bad zurückkam, wo sie sich für die Verabredung zurechtgemacht hatte, entdeckte sie eine Nachricht von Kevin auf dem Anrufbeantworter. Er erklärte, die Verabredung absagen zu müssen, nannte ihr allerdings keinen Grund. Wütend und frustriert rief sie in seinem Apartment an, um herauszufinden, was passiert war, als eine Frau den Hörer abnahm. Evelyn knallte den Hörer auf die Gabel.

Verzweifelt darüber, dass sie diese Beziehung nicht aufgeben konnte – die in diesem Moment für sie die Qualität von emotionalem Missbrauch besaß -, beschloss sie, einen Therapeuten aufzusuchen. Am Ende konnte sie mit Hilfe von ausreichend Unterstützung und den neugewonnenen Einsichten erkennen, dass Kevin sich nicht ändern würde, und war schließlich fähig, ihn und ihre ungesunde, aussichtslose Beziehung loszulassen.

Schriftliche Übungen

- Haben Sie zur Zeit eine Beziehung mit einem Mann, von dem Sie hoffen, dass er sich ändern wird? Wenn ja, welche Veränderungen würden Sie sich wünschen?

- Welchen Beweis hat er Ihnen gegeben, dass er sich ändern wird? Hat er Ihnen mündliche Versprechen gegeben? Wenn ja, beschreiben Sie, welche.

- Wie viel Zeit wollen Sie Ihrem Partner für seine Veränderung zugestehen? Beschreiben Sie die zeitlichen Grenzen, die Sie ihm gesetzt haben oder gerne geben würden.

- Wenn Sie fortwährend auf die Veränderung Ihres Partners warten, sollten Sie Ihre Gefühle hinsichtlich des Alleinseins untersuchen. Wie wäre es für Sie ohne Partner?

- Sind Sie häufig niedergeschlagen? Könnte Ihre Angst vor dem Alleinsein mit der Furcht zu tun haben, sich mit Ihrer Depression auseinander zu setzen?

- Wie könnten Sie Ihr Leben reicher und erfüllter gestalten, wenn Sie ohne Mann wären und alleine lebten? Waren sie jemals alleine? Wie haben Sie in der Vergangenheit Phasen des Alleinseins bewältigt?

- Fürchten Sie sich vor dem Gefühl der Leere, das Sie vielleicht erleben werden, wenn Sie sich entscheiden, nicht länger auf die Veränderung Ihres Partners zu warten, und Sie ihn daraufhin verlassen?

- Wie würden Sie Ihrer Meinung nach das Gefühl der Leere bewältigen und überleben? Wie gehen Ihrer Meinung nach andere Frauen damit um?

- Haben Sie irgendwelche Erinnerungen daran, in Ihrer Kindheit verlassen oder vernachlässigt worden zu sein? Glauben Sie, dass Ihre Kindheit Ihre Angst vor dem Alleinsein beeinflusst und Sie an einer ungesunden Beziehung festhalten lässt?

9

Obsessives Verhalten

Nun sind Sie in diesem Buch so weit gekommen, haben die schriftlichen Übungen gemacht, aber Sie können immer noch nicht aufhören, an ihn zu denken. Es ist zu einer Obsession geworden!

Sie möchten mehr Informationen über ihn haben, also engagieren Sie einen Privatdetektiv, der ihm nachspionieren soll. Oder Sie rufen zwanghaft alle möglichen Notrufnummern an und verwenden ihr gesamtes Haushaltsgeld, um die Anrufe zu bezahlen. Eine meiner Klientinnen engagierte sogar eine Frau, die behauptete, sich mit Magie auszukennen. Vielleicht versuchen Sie, etwas über ihn in Erfahrung zu bringen, indem Sie bei Leuten anrufen, die ihn kennen, oder Sie engagieren sogar einen Privatdetektiv! Doch egal wie haarsträubend es sich anhört, solche Dinge gibt es. Eine andere Patientin gab fast eintausend Dollar aus, um ihren Ex-Partner durch einen Zauberspruch zurückzugewinnen. Sie hat aber nie wieder etwas von ihm gehört.

Lucia eine Sekretärin Anfang dreißig, lernte Steve durch eine Kontaktanzeige kennen. Sie glaubte, den Mann gefunden zu haben, auf den sie ihr Leben lang gewartet hatte. Er war aufregend, gutaussehend und charmant, aber sie trafen sich immer nur dann, wenn es ihm passte, und ihre Beziehung entwickelte sich nicht weiter. Nach sechs Monaten schien er einfach aus ihrem Leben zu verschwinden. Sie rief ihn an und hinterließ ihm Nachrichten, auf die er nie reagierte. Sie ging zu einer Wahrsagerin, die ihr voraussagte, sie würden schließlich wieder zusammenkommen und ein Paar werden. Nach der Sitzung wartete sie ein paar Tage, wurde dann aber ungeduldig und beschloss, die Dinge selbst in die Hand zu nehmen.

Sie stellte Nachforschungen an und telefonierte mit verschiedenen Leuten, die Steve kannten. Sie gaben ihr keine wirklich nennenswerten Informationen, außer dass sie eine Bar erwähnten, in der Steve öfter auftauchte. An einem Freitagabend ging sie hin und sah Steve im Gespräch mit einer Frau. Ihr fehlte der Mut, ihn anzusprechen, also ging sie nach Hause und hinterließ noch mehr Nachrichten auf seinem Anrufbeantworter. Als sie nichts von ihm hörte, schrieb sie ihm einen Brief.

Als sie eines Abends nach Hause kam hörte sie Steves Stimme auf ihrem Anrufbeantworter. „Würdest du mich einfach nur in Ruhe lassen? Vergiss mich einfach!"

Lucia war durch seine kalte, abweisende Botschaft am Boden zerstört. Sie begriff, dass ihr Traum von einer Partnerschaft hoffnungslos und die Beziehung beendet war. Sie wünschte, sie hätte die Dinge auf sich beruhen lassen können, um sich nicht so verlegen und erniedrigt fühlen zu müssen. Das einzig Positive war, dass sie in der Bar nicht auf Steve zugegangen war und sich in aller Öffentlichkeit zum Narren gemacht hatte.

Manche Frauen glauben, dass, wenn sie einen Mann mit Aufmerksamkeit regelrecht bombardieren (Briefe, Nachrichten, unangekündigte Besuche), er von ihrer unerschütterlichen Leidenschaft überwältigt sein wird und sie zurückhaben will. Das funktioniert nie! Sie werden sich lediglich gedemütigt fühlen. Er weiß bereits, wie sehr Sie ihn lieben; Sie müssen es ihm nicht auch noch beweisen. Ihn zu verfolgen heißt, ihm *nachzustellen*. Seine Freunde anzurufen bedeutet, ihn zu *belästigen*. Solche Aktionen lassen Sie lediglich verzweifelt und bedürftig aussehen, wodurch er sich noch mehr von Ihnen entfremden wird. Er wird die Achtung vor Ihnen verlieren und, falls Sie ihm weiter nachstellen, Sie sogar abstoßend finden. Sie werden Ihr Selbstwertgefühl zugrunde richten und sich mieser fühlen als je zuvor. Einen Mann zu belästigen oder ihm nachzustellen ist so, als wenn Sie einen Wutanfall hätten: Sie weigern sich, seinen Wunsch zu akzeptieren. Sie weigern sich, die Realität anzuerkennen. Sie müssen seine Entscheidung akzeptieren, selbst wenn es schmerzvoll und frustrierend für Sie ist! Denken Sie daran, Sie können weder ihn noch die Situation kontrollieren. Er ist ein eigenständiges Wesen und hat seine eigenen Vorstellungen. Sie können nur sich selbst und Ihr Verhalten kontrollieren.

Sie müssen lernen, Enttäuschungen zu akzeptieren. Das ist ein Aspekt des Lebens. Sie können von einem Mann nicht *verlangen*, Sie zu lieben, weil Sie meinen, ein Anrecht auf seine Liebe zu haben.

Sich zu rächen ist die destruktivste Form, nicht loszulassen. Sie können damit Ihr Leben zerstören. Er könnte einen Gerichtsbeschluss erwirken, der Ihnen verbietet, in seiner Nähe aufzutauchen, oder er könnte Sie wegen Belästigung verklagen. Zusätzlich zu dem, was Sie durchmachen, brauchen Sie nicht auch noch die Erniedrigung durch gerichtliche Auseinandersetzungen.

Denken Sie daran, Nachstellen, Belästigen oder Sichrächen sind alles Möglichkeiten, um mit ihm in Kontakt zu bleiben. *Durch solch ein Verhalten werden Sie ihn nicht zurückbekommen!* Ein solches Verhalten wird ihn nur weiter von Ihnen entfremden. Sie verschwenden so Zeit und Energie.

Obsessives Verhalten überdeckt den Schmerz, den Zorn und die Schamgefühle, mit denen Sie sich nicht auseinander setzen wollen. Sie benötigen vielleicht eine Therapie, um mit Ihren Gefühlen fertig zu werden. Es könnte Ihnen helfen, die Besessenheit loszulassen, wenn Sie diese Gefühle in einer geborgenen, Sie unterstützenden Umgebung ausdrücken können. Der Verlust Ihres Partners kann frühere ungelöste Erfahrungen von Verlust und Verlassenwerden durch Eltern, Familienmitglieder oder aus anderen Beziehungen an die Oberfläche bringen. Anstatt sich besessen damit zu beschäftigen, diesen Mann zurückzubekommen, sollten Sie Ihre Energie für *sich selbst* verwenden!

Nachdem ich mit vielen Frauen gearbeitet habe, die Schwierigkeiten hatten, loszulassen, kann ich Ihnen versichern, dass Sie Ihr Selbstwertgefühl, Ihre materielle Grundlage, Ihre berufliche Situation, Ihre Freundschaften, Ihre Gesundheit und sogar Ihr Leben zerstören können, wenn Sie weiterhin Ihre Energien darauf verwenden, diesen Mann zurückzubekommen. Rufen Sie ihn bloß nicht an!

10

Gehen Sie wieder aus

Obwohl Ihre Trauer ein wesentlicher Bestandteil des Lösungsprozesses ist, kommt irgendwann der Moment, wo Sie vorausschauen und beginnen müssen, neue Männer kennen zu lernen. Ihre anhaltende Sehnsucht nach Ihrem Ex-Partner, obwohl die Beziehung längst vorbei ist, ist ebenfalls eine Variante, an ihm festzuhalten. Richten Sie stattdessen die Energie der Hoffnung, Ihr Partner werde zu Ihnen als veränderter Mensch zurückkommen, auf die Hoffnung und den Glauben, dass Sie einem anderen Mann begegnen werden, zu dem Sie sich hingezogen fühlen.

Verabredungen und das „Nach-draußen-Gehen" helfen Ihnen zu erkennen, dass es noch andere Männer außer Ihrem Ex-Partner gibt, mit denen Sie in Kontakt kommen können. Damit will ich Ihnen nicht nahe legen, sich so schnell wie möglich wieder mit jemandem einzulassen, aber die Bekanntschaft mit einem neuen Mann kann Ihnen das Loslassen erleichtern, wenn Sie zu lange an ihm in Ihrer Erinnerung festgehalten haben. Sie werden vielleicht bald Spaß an solchen Verabredungen haben und sich weniger isoliert und einsam fühlen.

Die nun folgenden Vorschläge habe ich durch die Arbeit mit meinen Klientinnen sammeln können; sie sollen Ihnen einen zusätzlichen Anreiz geben, Ihr Privatleben wieder anzukurbeln.

- Gehen Sie zu Veranstaltungen, die Sie interessieren – Konferenzen, Organisationen, Gesundheitsmessen, Kursen, Esoterikmessen, Workshops etc. – und versuchen Sie, neue Menschen kennen zu lernen, sowohl Frauen als auch Männer. Frauen lernen Männer häufig durch andere Frauen kennen, mit denen sie befreundet sind oder zusammenarbeiten. Und es ist gleichfalls gut, wenn Sie erfüllende Beziehungen zu Frauen aufbauen, die sich nicht ausschließlich nur mit Männern beschäftigen.

- Erzählen Sie allen, dass Sie einen neuen Partner suchen. Sie wissen nie, wer vielleicht jemanden kennt, der ebenfalls ungebunden und auf der Suche ist.

- Gehen Sie zu Single-Veranstaltungen, die von bekannten Veranstaltern organisiert werden. Zumindest wissen Sie mit Gewissheit, dass die Männer, denen Sie dort begegnen, aus dem gleichen und aus keinem anderen Grund da sind, so dass es keine Missverständnisse geben kann. Obwohl es bei solchen Veranstaltungen oft so aussieht, als ob es ein Ort für verzweifelte und einsame Menschen wäre, weiß ich von vielen attraktiven und interessanten Menschen, die sich bei solchen Veranstaltungen in jemand verliebt haben. Manchmal kommt es nur darauf an, zur richtigen Zeit am richtigen Ort zu sein. Der Mann Ihrer Träume könnte sich genau den Treffpunkt aussuchen, an dem Sie vielleicht gerade sind, aber Sie müssen es wagen, dort zu sein, damit diese zufällige Begegnung geschehen kann. Geben Sie dem Schicksal eine Chance, damit es Ihnen eine Chance geben kann.

- Machen Sie Sport. Es ist ein amüsanter Weg, neue Leute kennen zu lernen. Wenn Sie Interesse an Golf haben sollten: es gibt unglaublich viele Männer, die auf dem Golfplatz wichtige geschäftliche Vereinbarungen treffen. Tennisplätze sind ebenfalls ein guter Ort für neue Bekanntschaften, genauso wie Skiorte.

- Gehen Sie ins Fitness-Studio. Ihre körperliche Betätigung wird Ihnen zusätzlich helfen, sich besser zu fühlen.

- Sorgen Sie für mehr Unterhaltung. Veranstalten Sie Treffen oder Partys in Ihrer Wohnung und laden Sie einen Mann ein, der Sie interessiert.

- Lesen Sie Kontaktanzeigen. Ich kenne viele Frauen, die ihren späteren Ehepartner durch eine Anzeige kennen gelernt hatten. Sie waren erfolgreicher, wenn Sie selber eine Anzeige aufgaben, als auf eine Anzeige zu antworten. Wenn Sie wieder einmal innerlich mit sich kämpfen, weil Sie Ihren Ex-Partner anrufen wollen, rufen Sie stattdessen lieber einen der Männer an, die auf Ihre Anzeige geantwortet haben. Obwohl Kontaktanzeigen manchmal ein schlechtes Image anhaftet, kommen Sie auf diese Weise mit wesentlich mehr Männern in Kontakt, als Ihnen sonst im Alltag begegnen würden. Eine Anzeige kann Ihrem Privatleben einen Schub verleihen, wenn Sie schon länger keine Verabredungen mehr hatten. Vielen beruflich sehr eingespannten Menschen bleibt keine andere Alternative, weil sie einfach nicht die Zeit haben, um sich nach neuen Freunden oder einem potenziellen Partner umzuschauen. Doch seien Sie vorsichtig. Wenn Sie entscheiden, zu einem Blind Date zu gehen, dann treffen Sie sich an öffentlichen Plätzen. Gehen Sie nicht mit ihm in seine Wohnung oder laden ihn zu sich ein! Treffen Sie sich nur auf einen Kaffee; dann können Sie sich rasch verabschieden, wenn er Ihnen nicht gefällt, anstatt einen ganzen Abend lang beim Essen leiden zu müssen. Wenn Sie am Telefon ein komisches Gefühl haben, machen Sie sich gar nicht erst die Mühe, ihn zu treffen. Und sollte Ihnen bei irgendeiner Begegnung etwas seltsam vorkommen, stehen Sie einfach auf und gehen! Sich auf Kontaktanzeigen einzulassen klingt vielleicht etwas riskant, es ist aber kein Fehler, etwas abenteuerlustig zu sein, solange Sie auf sich aufpassen.

- Werden Sie Mitglied bei einer Video-Partnervermittlung. So können Sie sich die Männer anschauen, bevor Sie sich mit ihnen treffen. Bei Männern, die Zeit und Geld in eine Partnervermittlungsagentur investieren, kann man eher davon ausgehen, dass sie an einer festen, langfristigen Beziehung interessiert sind.

- Gehen Sie auf Partys, Signierstunden, Ausstellungseröffnungen, Weihnachtspartys, Geburtstagspartys, Hochzeitsempfänge. In New York gibt es Leute, die große Single-Partys in teuren Nachtklubs veranstalten, die sie zu diesem Zweck anmieten. Ich kenne Frauen, die auf solchen Partys interessante Männer kennen lernten. Finden Sie heraus, ob es in Ihrer Stadt Leute gibt, die solche Partys veranstalten, und lassen Sie sich in ihre Adressenliste eintragen.

- Besuchen Sie Nachtklubs. Ich weiß, was erzählt wird, wenn es darum geht, Männer in Bars oder Nachtclubs kennen zu lernen, aber ich kenne viele glücklich verheiratete Paare, die sich an einem solchen Ort kennen gelernt haben. Mein Bruder, ein prominenter Rechtsanwalt, und meine Schwägerin, eine Geschäftsfrau und Unternehmerin, haben sich in einem solchen Nachtklub kennen gelernt, obwohl beide bis dahin immer schworen, nie mit jemandem auszugehen, den sie in einem Nachtklub oder einer Bar kennen lernen würden!

- Wenn Sie ein Talent zu schreiben haben, bemühen Sie sich um ein Volontariat oder einen bezahlten Auftrag bei einer Lokalzeitung oder einem Lokalsender. Porträtieren und interviewen Sie erfolgreiche Männer aus Ihrer Nachbarschaft, oder berichten Sie über Nachtklubs oder gesellschaftliche Anlässe in Ihrer Stadt.

- Werden Sie Mitglied in einer Theatergruppe oder einer Schauspielproduktion. Hier ist nach den Proben immer eine Menge los, ganz zu schweigen von den Partys vor und nach Abschluss der Produktion.

- Schaffen Sie sich einen Computer an und gehen Sie online. Kontakte über das Internet haben keinen besonders guten Ruf, aber bei vielen Menschen haben die Beziehungen über das Internet begonnen, und manche davon endeten vor dem Traualtar. Ins Internet zu gehen ist besonders nützlich, wenn Sie wieder mal mit dem Wunsch kämpfen, Ihren Ex-Partner anzurufen. Sie können sofort mit anderen Menschen Kontakte knüpfen und sich so davon ablenken, diesen Mann anzurufen! Der Nachteil ist, dass Sie weder sehen noch hören, mit wem Sie es zu tun haben und daher nicht wissen, ob der Mann, mit dem Sie sprechen, so ist, wie er sich darstellt. Probleme können auch dann entstehen, wenn Sie beginnen, Ihre eigenen Wunschvorstellungen auf diesen Mann zu projizieren.

Um derartige Probleme zu vermeiden, empfehle ich Ihnen, so bald wie möglich mit ihm zu telefonieren, damit Ihr Kontakt eine reale Grundlage erhält und keine Fantasievorstellung bleibt. Außerdem werden Sie ihn vielleicht anders empfinden, wenn Sie mit ihm sprechen. Wenn Sie sich dazu entschließen, mit ihm zu sprechen, geben Sie ihm auf keinen Fall Ihre Telefonnummer; lassen Sie sich seine Nummer geben. Sie können ihm Ihre Nummer geben, wenn Sie mit ihm gesprochen haben und sich geborgen fühlen. Seien Sie auch auf der Hut vor Internet-Casanovas. Diese Männer gehen online und versuchen, gleichzeitig mehrere Beziehungen zu haben. Natürlich werden sie Ihnen nicht erzählen, dass sie mit anderen Frauen sprechen, während sie vorgeben, nur mit Ihnen zu chatten. Wenn daher ein Mann beim Chat anfängt, sich merkwürdig oder ambivalent zu verhalten, ist das ein Zeichen dafür, dass er möglicherweise ein Problem mit Intimität besitzt. Männer, die ein Problem haben, auf eine erwachsene, normale Weise zu kommunizieren, werden sich am Computer genauso verhalten wie im persönlichen Kontakt.

- Lernen Sie, alleine auszugehen. Wenn Sie nur in Begleitung oder mit einer Freundin auf Partys oder zu gesellschaftlichen Anlässen gehen können, begrenzen Sie Ihre Möglichkeiten, jemand Neues kennen zu lernen. Ein Beispiel: was ist, wenn Sie zu einer Party eingeladen werden, und alle Ihre Freunde haben an diesem Abend etwas vor? Ich rate Ihnen, auf jeden Fall hinzugehen.

- Außerdem gehen Männer bisweilen eher auf Frauen zu, die allein sind, anstatt von ihren Freundinnen umgeben zu sein. Und Sie sind eher in der Lage, mit anderen zu sprechen, wenn Sie sich nicht mit einer Freundin unterhalten müssen. Alleine irgendwo hinzugehen lässt Ihnen die Freiheit, einfach aufzustehen und auszugehen, wann und wohin Sie wollen, damit Sie nicht zu Hause herumsitzen und über Ihren Ex-Partner nachdenken müssen.

- Wenn Sie einen Mann sehen, der Sie interessiert, ist es völlig in Ordnung, auf ihn zuzugehen und Hallo zu sagen, oder gar jemand anzurufen, den Sie gerade kennen gelernt haben, und sich mit ihm das erste Mal zu verabreden. „Ruf ihn bloß nicht an!" gilt für Beziehungen, die beendet sind oder Ihnen nicht länger gut tun. Männer sind manchmal schüchtern oder verunsichert und mögen es, wenn eine Frau zuerst anruft – solange es nicht der zweite, dritte oder vierte Anruf ist. Wenn ein Mann nicht auf Ihren ersten Anruf reagiert, dann geben Sie es auf und lassen los. Gehen Sie weiter zum nächsten Mann.

- Ihr Wissen, wählen zu können, anstatt darauf zu warten, ausgewählt zu werden, bestärkt Sie vielleicht in dem Gefühl, mehrere Optionen zu haben, wodurch Sie wiederum weniger zu fürchten brauchen, verlassen zu werden, wenn eine Beziehung in die Brüche geht oder nicht funktioniert. Noch eine Warnung: Wenn Sie zu einer Veranstaltung gehen und keinem attraktiven Mann begegnen, oder wenn Sie ein Blind Date mit einem Mann haben, mit dem Sie nichts verbindet, dann werden Sie nicht hysterisch und laufen sofort nach Hause, um Ihren Ex-Partner anzurufen, weil Sie glauben, er sei der Einzige, für den Sie jemals etwas empfinden können. Ausgehen und jemand kennen zu lernen ist ein *Prozess*. Nur weil Sie Zeit mit einem Mann verbringen, der Ihnen nicht zusagt, heißt nicht, dass Sie sich nie wieder verlieben werden. Bleiben Sie standhaft und lernen Sie weiter neue Männer kennen, aber – Rufen Sie ihn bloß nicht an!

Wenn Sie sich wieder verabreden, folgen Sie weiter den „Ruf bloß nicht an!-Prinzipien. Wenn Sie beispielsweise einem sehr anziehenden Mann begegnen, mit ihm ein paar Mal ausgehen und danach fast eine Woche lang nichts von ihm hören, dann verfallen Sie nicht in Panik und rufen Sie ihn nicht an! Trauern Sie stattdessen über den Verlust und die gemeinsame Zukunft, die Sie sich erträumt hatten. Es waren vielleicht nur ein paar Begegnungen, aber es hatte eine Verbindung stattgefunden.

Denken Sie daran: jede emotionale oder physische Trennung von einem Mann, mit dem Sie eine Verbindung eingegangen sind (besonders, wenn Sie nicht wissen, ob Sie jemals wieder von ihm hören), ist ein Verlust. Selbst wenn es nur eine vorübergehende und keine formale Trennung ist, ist es ein Verlust und sollte als solcher behandelt werden.

Wenn Sie seinen mangelnden Kontakt als Enttäuschung und Verlust empfinden und sich dann an die Sie unterstützenden Menschen wenden, und Sie dabei Ihre inneren Konflikte bearbeiten, ist es weniger wahrscheinlich, dass Sie aus einem inneren Zwang heraus Ihren Ex-Partner anrufen!

Es ist kein Fehler, *einen neuen Mann* einmal anzurufen, um zu hören, ob er noch lebt oder ihm etwas zugestoßen ist. Wenn Sie allerdings übermäßig oft anrufen, werden Sie einen emotional gesunden Mann vertreiben. Er wird dann vielleicht vermuten, dass Sie zu bedürftig und verzweifelt sind. Es wäre am besten, am Anfang einer Beziehung für das akzeptiert zu werden, was man ist; doch leider verläuft das Leben oft anders. Wenn zwei Menschen sich zum ersten Mal begegnen, *ist der erste Eindruck von Bedeutung.* Würden Sie sich mit einem Mann treffen, der ungewaschen ist und schmuddlige Kleidung trägt? Jeder zeigt sich anfänglich von seiner besten Seite, also muss er nicht unbedingt wissen, wie verzweifelt Sie sein können. Bedenken Sie, dass er vielleicht nicht anruft, weil er mehr Zeit zum Nachdenken benötigt, ob er mit Ihnen eine Beziehung eingehen soll. Nicht alle Männer sind impulsiv. Vielleicht ist er aber auch nur beschäftigt oder nicht in der Stadt.

Versuchen Sie, Geduld zu haben. Am Anfang einer Beziehung gibt es eine Menge Unsicherheit. Arbeiten Sie daher daran, Ihre Gefühle zu beherrschen, anstatt sie impulsiv auszudrücken.

Wenn er Sie nie anruft oder nicht auf Ihre Anrufe reagiert, dann verfolgen Sie ihn nicht oder versuchen Sie nicht, ihn umzustimmen. Akzeptieren Sie seine Zurückweisung und gehen Sie weiter.

Es ist besser, wenn eine Beziehung gleich zu Anfang nicht funktioniert, als erst später, wenn Sie sich bereits enger an ihn gebunden haben. Fangen Sie nicht an, ihn überzubewerten oder ihn zu idealisieren. Es gibt genügend Männer.

Sich zu verabreden oder zu verlieben bedeutet immer, ein Risiko einzugehen. Aber Sie können die Chancen eines erneuten schmerzlichen Verlustes reduzieren, wenn Sie vorsichtiger und wählerischer vorgehen. Lernen Sie beispielsweise einen Mann zuerst näher kennen, bevor Sie sich emotional auf ihn einlassen. Verlieben Sie sich nicht in eine Wunschvorstellung. Seien Sie realistisch.

- Wenn er anfängt, Sie zu belügen, Sie nicht anruft oder in irgendeiner Weise unzuverlässig ist, zeugt dies von ernsthaften Beziehungsproblemen. Er wird sein Verhalten nicht ändern. Fangen Sie gar nicht erst an, ihn hinbiegen zu wollen. Sie bekommen nur, was Sie sehen.

- Wenn er von Anfang an sagt, er wolle keine langfristige, feste Beziehung, ist dies ein wichtiges Zeichen. Hören Sie genau hin, was er sagt. Seien Sie nicht so wirklichkeitsfern zu glauben, dass Sie ihn dazu bringen könnten, seine Meinung zu ändern. Stecken Sie Ihre Energie lieber in die Suche nach einem anderen Mann, der ebenfalls eine feste Beziehung sucht.

- Wenn er sagt, dass er verheiratet oder mit einer anderen Frau zusammen ist, dann erwarten Sie nicht, dass er diese Frau für Sie verlässt. Vielleicht hat er zeitgleich noch weitere Beziehungen, weil er sich vor Intimität und einer festen Beziehung fürchtet. Sie brauchen keine derartigen, selbstzerstörerischen Dreiecksbeziehungen. Fordern Sie ihn auf, sein ödipales Problem woanders zu lösen.

- Wenn er Sie in irgendeiner physischen oder verbalen Form missbraucht, verlassen Sie ihn auf der Stelle! Wenn er Sie schlägt, übermäßig kritisiert, beleidigt oder Sie beschimpft, dann verlassen Sie ihn, selbst dann, wenn Sie sich nur verabredet haben! Kümmern Sie sich nicht darum, ob Sie unhöflich sind. Sie müssen keinerlei Form von Missbrauch dulden.

Wenn es Ihnen schwer fällt, loszulassen, seien Sie umso sorgfältiger bei der Auswahl der Männer, auf die Sie sich einlassen. Denken Sie daran, dass Frauen dazu neigen, sich emotional an Männer zu binden, mit denen sie Sex haben. Versuchen Sie also, weniger impulsiv zu sein, wenn Sie Ihre sexuellen Bedürfnisse mit jemandem ausleben, den Sie kaum kennen. Versuchen Sie an Ihrem Bedürfnis nach schneller Befriedigung zu arbeiten und die Fähigkeit zu entwickeln, Ihre sexuellen Impulse in Schach zu halten, bis Sie einen Mann näher kennen gelernt haben. Denken Sie mehr an die Zukunft als an den gegenwärtigen Augenblick und an ein „gutes Gefühl".

Nur weil Sie auf einer Party einen unglaublich attraktiven Mann kennen lernen, der verführerisch ist und einen guten Job hat, müssen Sie nicht gleich mit ihm ins Bett steigen. Er könnte in Wirklichkeit wegen seines Jobs lügen und sich verführerisch verhalten, weil er nach einer schnellen sexuellen Befriedigung für eine Nacht sucht und kein Interesse hat, mit einer Frau eine tiefergehende, dauerhafte Verbindung einzugehen. Wenn Sie sich Zeit nehmen, um ihn näher kennen zu lernen, können Sie mehr über ihn erfahren und sich davor schützen, verletzt zu werden.

Arbeiten Sie daran, bei Ihren Vorlieben mit Männern reifer und weniger oberflächlich zu sein. Vielleicht denken Sie einmal darüber nach, warum Sie sich so sehr von Aussehen, Charme und der äußeren Verpackung den Kopf verdrehen lassen. Versuchen Sie daran zu arbeiten, Beziehungen mit Männern zu entwickeln, nach denen Sie anfangs nicht verrückt sind, die aber emotional reif sind, auf Ihre Gefühle achten, nicht manipulativ oder ausbeuterisch sind, die für Sie Interesse zeigen und die Möglichkeit einer festen Beziehung in Betracht ziehen. Dieser Typ Mann ist vielleicht nicht so aufregend wie ein selbstsüchtiger, verführerischer, emotional noch unreifer Mann (s. Kap. 7, „Der ambivalente Mann"), aber wenn Sie wirklich eine gesunde, wechselseitige Beziehung mit Zukunft wollen, müssen Sie wahrscheinlich einiges an innerer Arbeit leisten, um herauszufinden, warum ein stabiler, fürsorglicher Mann Sie so sehr langweilt.

Ich kann Ihnen gar nicht sagen, wie viele Frauen zwischen zwanzig und vierzig ihre Lebensjahre an Männer verschwendeten, die nicht zu einer gesunden Beziehung fähig und/oder nicht an Heirat oder Familie interessiert waren. Zu dem Zeitpunkt, an dem diese Frauen die emotionale Kraft besaßen, zu gehen (manchmal wurden sie auch von den Männern verlassen), waren sie schon weit über vierzig und machten sich ernsthafte Sorgen, weil ihre biologische Uhr bereits ablief. Sie bedauerten zutiefst die wertvolle Zeit, die sie ihrem Empfinden nach verloren hatten. Es ist daher wichtig, innerlich an Ihrer Beurteilung und der Männerauswahl zu arbeiten, bevor es zu spät ist.

In meiner psychologischen Arbeit und durch persönliche Erfahrungen ist mir klar geworden, dass Frauen mit erfolgreichen Beziehungen sehr realistisch sind. Sie gehen weg bei Anzeichen von schwerwiegenden Beziehungsproblemen, oder wenn sie zurückgewiesen werden – Punkt, Ende, Aus. Sie versuchen nicht, sich etwas vorzumachen. Sie wissen, was sie wollen. Ihr Gefühl sagt ihnen, dass sie ein Anrecht auf Liebe, eine gute Beziehung und ein anständiges, respektvolles Verhalten sich gegenüber haben. Und im Allgemeinen sind sie sehr vorsichtig, wenn es darum geht, jemandem ihr Herz zu schenken. Und benutzen Sie nicht die Ausrede „Ach, es gibt doch gar keine richtigen Männer", denn das ist einfach nicht wahr! Alle möglichen Leute heiraten ständig, in jeder Altersstufe. Es dauert immer eine gewisse Zeit, einen Termin auf dem Standesamt zu bekommen. Es stehen immer noch genügend Heiratsannoncen in der Zeitung. Ja, die Scheidungsrate ist hoch, aber diese Menschen heiraten erneut. Denken Sie daran: es gibt viele Männer jeden Alters, die heiraten wollen. Es *gibt* sie wirklich.

Einige mir bekannte Frauen heirateten nach enttäuschenden Erfahrungen mit Männern. Sie hatten eine Menge Zeit und Energie investiert, um einen neuen Partner zu finden. Sie gingen tanzen, gaben Kontaktanzeigen auf, nutzten eine Partnerschaftsvermittlung, gingen zu Blind Dates – und wurden von Freunden getröstet. Sie nahmen wieder am Leben teil! Manchmal war es frustrierend und entmutigend, aber schließlich trafen sie jemanden, in den sie sich verliebten, und der sie liebte.

Andere Frauen, die nicht unbedingt die Absicht hatten, einen neuen Partner zu finden, konzentrierten sich auf ihren Job, ihre Kinder und/oder ihre Kreativität. Viele dieser Frauen lernten schließlich jemanden durch ihre Arbeit, ihre Projekte oder einfach in ihrem alltäglichen Dasein kennen.

Manche Frauen fanden überhaupt keinen neuen Partner, sondern führten ein sie erfüllendes Leben. Obgleich sie sich manchmal einsam fühlten, zogen sie es vor, offen zu bleiben für die Möglichkeit einer gesunden Liebesbeziehung, anstatt in den unglücklichen, nicht funktionierenden Beziehungen zu verharren, die sie hinter sich gelassen hatten.

All diesen Frauen war gemeinsam (ob sie nun mit einem Mann zusammenlebten oder nicht), dass sie ihren Ex-Partner loslassen und weitergehen konnten. Sie befanden sich nicht länger in einer missbräuchlichen oder abweisenden Situation. Sie alle waren offen für das, was die Zukunft ihnen bringen würde, und alle hatten ihre Vergangenheit hinter sich gelassen.

11

Das Zehn-Schritte-Programm von „Ruf ihn bloß nicht an"

Wenn Sie:

den Drang spüren, trotz besseren Wissens den Mann anzurufen, von dem Sie sich getrennt haben – oder wenn Sie im Augenblick mit einem Mann ausgehen, den Sie anrufen möchten, obwohl Sie wissen, es wäre unklug - , **dann** nutzen Sie die folgenden Schritte, um diesem Impuls zu widerstehen:

Schritt 1

Schieben Sie die Kontaktaufnahme mit ihm auf. *Halten Sie inne!* Sagen Sie zu sich, dass Sie mindestens zwei Stunden *warten* werden, bevor Sie ihn anrufen. Das gibt Ihnen Zeit, um an sich zu arbeiten. Es ist immer noch genug Zeit da, um diesen Mann spontan anzurufen!

Schriftliche Übungen

- Was können Sie tun (etwa ins Kino gehen oder eine Buchhandlung aufsuchen), um diesen Anruf für einige Stunden aufzuschieben?

- Schreiben Sie über Ihr dringendes Bedürfnis, ihn anzurufen. Beschreiben Sie Ihre Gefühle.

- Beschreiben Sie Ihre Stärken. Erinnern Sie sich an die Zeiten, in denen Sie stark und entschlossen waren und für sich sorgten. Beschreiben Sie diese Zeiten, und wo Sie damals Ihre Stärke fanden.

- Schauen Sie sich die Grafik Nr. 2 auf Seite 131 an.

- Betrachten Sie die „50 Tipps, damit Sie ihn nicht anzurufen" (Seite 136). Notieren Sie sich die aufgelisteten Sachen, die Sie machen können, oder denken Sie sich selbst etwas aus.

Schritt 2

Entfernen Sie sich von allem (Personen, Orte, Dinge), was in Ihnen den Drang auslöst, ihn anzurufen!

Schriftliche Übungen

- Wenn Sie gerade mit jemandem Zeit verbringen, der Sie an Ihren Ex-Partner erinnert, wie können Sie sich aus der Situation befreien? Notieren Sie mögliche Schritte.

- Was empfinden Sie bei dem Gedanken, Gegenstände wegzuwerfen, die Sie an ihn erinnern (Kleidungsstücke, Schmuck, Bücher)?

Schritt 3

Lenken Sie sich ab. Richten Sie Ihre Aufmerksamkeit auf etwas anderes – irgendetwas, das Ihnen hilft, vorübergehend nicht an ihn zu denken. Gehen Sie ins Kino, besuchen Sie Freunde – was auch immer es braucht, damit Sie aufhören, sich gedanklich mit ihm zu beschäftigen.

Siehe auch Grafik Nr. 3 auf Seite 132.

Schritt 4

Rufen Sie sich in Erinnerung, dass Gefühle und Zwänge etwas Vorübergehendes sind. Es fühlt sich nur im Augenblick so an. Es wird aber nicht immer so bleiben!

Schriftliche Übungen

- Gab es einen Moment, in dem Sie mit einem zwanghaften Gefühl gekämpft haben? Und hörte dieser Drang dann irgendwann auf? Was haben Sie getan?

- Wie würde Ihrer Vorstellung nach ein Mensch mit einer starken Selbstkontrolle diese Situation handhaben?

Schritt 5

Denken Sie an die *negativen Konsequenzen*, die aus dem Kontakt entstehen könnten. Vermeiden Sie, in diesem Moment an irgendwelche positiven Erinnerungen zu denken. Romantisieren Sie die Beziehung nicht. Denken Sie stattdessen an alle negativen Eigenschaften Ihres Ex-Partners. Erinnern Sie sich an die Zeiten, in denen Sie unzufrieden mit ihm in dieser Beziehung waren.

Schriftliche Übungen

- Erinnern Sie sich an frühere Momente, in denen Sie Kontakt mit ihm aufgenommen haben. Bekamen Sie, was Sie sich von der Kontaktaufnahme versprachen, oder fühlten Sie sich danach mieser?

- Denken Sie an all die harte Arbeit, die Sie bis jetzt geleistet haben, um ihn loszulassen – Sie werden wieder ganz von vorne anfangen müssen, wenn Sie Ihrem Impuls nachgeben und ihn anrufen. Nennen Sie einige Schritte, die Sie unternommen haben, um ihn loszulassen.

- Nennen Sie mögliche negative Auswirkungen, die entstehen können, wenn Sie nachgeben und ihn anrufen. (Wenn er Sie zurückweist, könnten Sie sich noch schlechter fühlen als jetzt.)

- Machen Sie eine Liste *aller* negativen Eigenschaften Ihres Ex-Partners. Wenn es Momente gab, in denen er sich rücksichtslos oder missbräuchlich verhalten hat, beschreiben Sie diese hier.

Schritt 6

Schreiben Sie etwas über die Gefühle hinter Ihrem Drang, ihn zu kontaktieren, die auf *äußere Anlässe* zurückgehen (Probleme am Arbeitsplatz, Geldprobleme, Krankheiten).

Schriftliche Übungen

- Fühlen Sie sich durch ein äußeres Ereignis (das nichts mit ihrem Ex-Partner zu tun hat) allein gelassen oder erschreckt, das zur Folge hat, dass Sie sich an ihn klammern wollen? Was war geschehen?

- Falls sich etwas ereignet hat, das Ihre Sehnsucht auslöste, ihn anzurufen, versuchen Sie den Vorfall und Ihre Reaktion darauf so objektiv wie möglich zu untersuchen. Beschreiben Sie, welche Gefühle dieses Ereignis bei Ihnen bewirkt hat.

- Was können Sie tun, um diese Gefühle zu verarbeiten, anstatt ihn anzurufen?

Schritt 7

Aktivieren Sie Ihr Unterstützer-Team. Wenn Sie so weit gekommen sind und ihn immer noch anrufen wollen, ist es an der Zeit, Ihre Gefühle anderen mitzuteilen. *Lernen* Sie die Telefonnummern der Mitglieder Ihres Team *auswendig*, oder tragen Sie die Nummern immer bei sich.

Wen würden Sie als erstes anrufen, wenn Sie den Drang verspüren, Ihren Ex-Partner anzurufen?

Schritt 8

Lernen Sie, Ihre Gefühle zu akzeptieren und nicht sofort aus-zuleben. Manchmal muss man im Leben Gefühle im Zaum hal-ten und sie akzeptieren. Wenn Sie Ihre Frustration und den Schmerz, ihn zu vermissen, aushalten können, wird sich letzt-endlich eine langfristige Zufriedenheit einstellen, denn Sie kön-nen Zurückweisung und Erniedrigung vermeiden und Ihr Leben weiterleben.

Schriftliche Übungen

- Erinnern Sie sich an Momente, in denen Sie in der Lage waren, Gefühle auszuhalten und dafür belohnt wurden? (Sie hörten mit dem Rauchen auf oder ernährten sich für einen gesünderen Körper besser; Sie fanden sich mit ei-ner unangenehmen Situation am Arbeitsplatz ab und er-hielten dann eine Beförderung.) Beschreiben Sie solche Erfahrungen.

- Erinnern Sie sich an Augenblicke, in denen Sie schnelle Befriedigung suchten, das Resultat dann aber nicht Ihren Erwartungen entsprach? (Sie kündigten Ihren Job, um es später zu bereuen; Sie gaben spontan zu viel Geld aus, um es später zu bedauern, als Sie die Rechnung bekamen.) Nennen Sie Beispiele.

Schritt 9

Denken Sie daran, alle Dinge nach und nach, in kleinen Schritten zu entwickeln. Verwenden Sie Tabelle Nr. 5 (S.134) und verfolgen Sie, wie viele Tage Sie der Versuchung widerstehen können, ihn anzurufen. Zählen Sie wenn nötig auch die Stunden. Zu wissen, dass Sie es schaffen werden, wieder einen Tag zu markieren, an dem Sie ihn nicht angerufen haben, gibt Ihnen vielleicht das Gefühl, etwas erreicht zu haben. Sie waren fähig, sich zu kontrollieren und handelten nicht potenziell selbstzerstörerisch. Sie sind in der Lage, sich um sich selbst zu kümmern.

Schritt 10

Wenn Sie es bis zu Schritt 10 geschafft haben, ohne ihn anzurufen, *dann beglückwünschen Sie sich*! Gelingt es Ihnen, ihn eine Woche nicht anzurufen, sollten Sie mit Freunden ausgehen und feiern. Vergessen Sie nicht, sich immer zu loben; denn es ist schwer, loszulassen. Es ist ein richtiger Kampf und verlangt eine Menge Selbstdisziplin. Es ist harte Arbeit, also seien Sie gut zu sich selbst. *Belohnen* Sie gut gemachte Arbeit. Sie haben es verdient.

Schriftliche Übungen

- Was für Dinge gibt es, die Sie schon länger tun wollten, aber immer wieder aufgeschoben haben? Schreiben Sie sie hier auf.

Tabelle 1

Planen Sie Ihre Zeit

Planen Sie Ihre Zeit während der gefährdeten Phasen, in denen Sie ihn anrufen könnten. Beschäftigen Sie sich, damit Sie kaum Zeit haben, an ihn zu denken. Wenn Sie aus irgendeinem Grund zu Hause bleiben müssen (Krankheit, Kinder etc.), sollten Sie immer versuchen, sich mit etwas abzulenken, damit Sie weniger die Möglichkeit ins Auge fassen, ihn anzurufen!

	Geplante Aktivitäten	Hatten Sie den Drang ihn anzurufen?	Was hinderte Sie, ihn anzurufen?
8:00 - 9:00			
9:00 - 10:00			
10:00-11:00			
11:00-12:00			
12:00-13:00			
13:00-14:00			
14:00-15:00			
15:00-16:00			
16:00-17:00			
17:00-18:00			
18:00-19:00			
19:00-20:00			
20:00-21:00			
21:00-22.00			
22:00-23:00			
23:00-24:00			

Tabelle 2
Aktivitäten, die Ihnen helfen können, sich abzulenken

Erstellen Sie eine Liste mit Aktivitäten, die Ihnen Freude machen und Ihnen helfen werden, zu vergessen, ihn anrufen zu wollen!

Aktivität	Habe die Aktivität erfolgreich angewendet	Werde diese Aktivität demnächst ausprobieren (ungefähres Datum)	Die Aktivität half, war nicht genügend, um mich abzulenken

Tabelle 3
Frühe Anzeichen, dass Sie ihn anrufen wollen

Achten Sie auf Verhaltensmuster, Gedanken und Gefühle, die den Wunsch auslösen, ihn zu kontaktieren.

Sonntag	Montag	Dienstag	Mittwoch	Donnerstag	Freitag	Samstag
1.Woche						
2.Woche						
3.Woche						
4.Woche						

Tabelle 4

Monatlicher Fortschritt

Achten Sie darauf, wie lange Sie es aushalten, ihn nicht anzurufen. Nach einer bestimmten Zeitspanne (ein Tag, eine Woche
oder ein Monat) belohnen Sie sich für die Selbstdisziplin und
die harte Arbeit.

---

1. Woche
Wie viele Bekanntschaften Sie gemacht haben_____

---

2. Woche
Wie viele Bekanntschaften Sie gemacht haben_____

---

3. Woche
Wie viele Bekanntschaften Sie gemacht haben_____

4.Woche
Wie viele Bekanntschaften Sie gemacht haben_____

Tabelle 5

Kalender

Haken Sie jeden Tag ab, an dem Sie ihn nicht angerufen haben. Belohnen Sie sich regelmäßig dafür, keinen Kontakt gesucht und sich um sich selbst gekümmert zu haben.

	Sonntag	Montag	Dienstag	Mittwoch	Donnerstag	Freitag	Samstag
1.Woche							
2.Woche							
3.Woche							
4.Woche							

Mein Unterstützungs-Team

Menschen, die ich anrufen kann, wenn ich das starke Bedürfnis habe, meinen Ex-Partner anzurufen.

	Name	Telefonnummer
1		
2		
3		
4		
5		
6		
7		
8		
9		
10		

50 Tipps, damit Sie ihn nicht anrufen

Tun Sie alles, was notwendig ist, um sich abzulenken, damit Sie ihn nicht zwanghaft anrufen! Konzentrieren Sie sich auf etwas anderes als auf ihn.

- Telefonieren Sie die ganze Nacht mit Freunden.
- Gehen Sie zu einem Treffen der CoDA (Anonyme Co-Abhängige in Deutschland – www.coda-deutschland.de), oder ähnlichen Veranstaltungen gemäß dem Zehn-Schritte-Programm. Manche Treffen finden abends statt.
- Kümmern Sie sich um Ihr berufliches Fortkommen – machen Sie Überstunden.
- Belegen Sie einen Kurs, in dem Sie etwas lernen wollen, das Sie interessiert.
- Lesen Sie Bücher mit psychologischen Inhalten, durch die Sie Ihre Verhaltensmuster besser verstehen.
- Lesen Sie Bücher, die Sie spirituell inspirieren.
- Beten Sie.
- Verwenden Sie Kassetten oder CDs mit psychologischer Lebenshilfe, die Sie positiv motivieren.
- Meditieren Sie.
- Betätigen Sie sich körperlich – spielen Sie Tennis, machen Sie Gymnastik, gehen Sie ins Fitness-Studio.
- Gehen Sie in eine Buchhandlung und kaufen Sie ein interessantes Buch.
- Kaufen Sie sich etwas Neues zum Anziehen.

- Gehen Sie ins Kino.
- Gehen Sie ins Theater.
- Führen Sie sich selbst in ein teures Restaurant aus.
- Bereiten Sie sich ein aufwendiges Menü.
- Ziehen Sie sich schick an und gehen Sie tanzen.
- Geben Sie eine Kontaktanzeige auf oder antworten Sie auf eine.
- Kaufen Sie teure Süßigkeiten oder Schokolade und essen Sie sie ganz alleine auf (nur bitte nicht alles auf einmal).
- Verbringen Sie Zeit in der Natur (Bergsteigen, Campen u. ä.).
- Schreiben Sie ein Gedicht, eine Erzählung oder in Ihr Tagebuch, was Sie gerade durchmachen.
- Putzen Sie Ihr Zuhause, oder gestalten Sie es um.
- Schauen Sie Fernsehen.
- Schauen Sie Videos.
- Helfen Sie anderen Menschen, denen es nicht so gut geht wie Ihnen.
- Lesen Sie einen Roman.
- Surfen Sie im Internet oder chatten Sie.
- Spielen Sie mit Kindern und seien Sie offen für ihre bedingungslose Liebe.
- Nehmen Sie ein langes, heißes Bad oder eine Dusche.
- Gönnen Sie sich eine Maniküre oder Pediküre.
- Gönnen Sie sich eine Massage oder eine Gesichtsbehandlung.
- Gehen Sie zum Friseur.

- Kochen oder backen Sie.
- Arbeiten Sie im Garten oder beschäftigen Sie sich mit Ihren Pflanzen.
- Gehen Sie zu einer Single-Party.
- Malen Sie.
- Gehen Sie ins Museum oder an den Strand und zeichnen Sie.
- Schreiben Sie einen Brief an einen Ihrer Freunde.
- Lösen Sie ein Kreuzworträtsel.
- Nehmen Sie Kontakt zu jemandem auf, den Sie schon seit Jahren nicht mehr gesehen haben, und verabreden Sie sich zum Mittagessen.
- Machen Sie einen Kurztrip, um für einen Tag rauszukommen.
- Rufen Sie einen Therapeuten an.
- Gehen Sie zu einer Andachtsstätte.
- Spielen Sie mit einem Haustier.
- Besuchen Sie Freunde oder Verwandte.
- Spielen Sie ein Instrument.
- Gehen Sie irgendwo hin, um Musik live zu erleben.
- Drehen Sie den Verstärker auf und singen aus vollem Herzen!
- Sprechen Sie Affirmationen (positive, lebensbejahende Aussagen) leise oder laut.
- Verlassen Sie Ihr Zuhause und tun egal was, um weit weg vom Telefon zu sein.

12

Mit Rückschlägen fertig werden

Rückschläge

Was tun Sie, wenn Sie sich viel Mühe gegeben haben und dennoch einen Rückschlag erleiden? Sie geben ihrem Zwang nach, rufen ihn an und bekommen nicht die gewünschte Reaktion, oder werden zurückgewiesen:

- Akzeptieren Sie Ihren Rückschlag und rufen Sie ihn nicht mehr an. Der Trick bei Rückschlägen ist, einfach wieder auf die Beine zu kommen und an der Stelle weiterzumachen, an der Sie vorher waren.
- Rufen Sie ein Mitglied aus Ihrem Unterstützer-Team an und sprechen Sie über Ihre Gefühle. Versuchen Sie, sich nicht zu schämen. Würden Sie den Anruf für sich behalten, könnte das zu einem weiteren Rückschlag führen. Darüber zu sprechen, wird Sie davon befreien.

- Vergeben Sie sich. Sie sind nur ein Mensch. Sie sind nicht perfekt. Haben Sie Mitgefühl mit sich selbst und versuchen Sie, nicht zu hart mit sich umzugehen.
- Anerkennen Sie die harte Arbeit, die Sie bereits geleistet haben.
- Haben Sie Geduld mit sich. Veränderungen brauchen Zeit.
- Bedenken Sie, dass eine Veränderung kein linearer Prozess ist! Es ist normal, wenn es zwei Schritte vor- und einen zurückgeht.

Die eigene Aufmerksamkeit wieder neu ausrichten

Nutzen Sie diese Zeit, um sich auf sich selbst zu konzentrieren (hören Sie auf, sich auf ihn zu fixieren). Richten Sie die Energie, mit der Sie an ihn gedacht, ihn analysiert, sich obsessiv mit ihm befasst und ihn geliebt haben, auf sich selbst. Es ist jetzt an der Zeit, sich auf Arbeit, Gesundheit und Heilung zu konzentrieren.

Arbeit

Es wäre jetzt eine gute Gelegenheit, sich stärker auf Ihre Arbeit zu konzentrieren. Sie könnten mehr Energie in den Versuch investieren, eine Beförderung zu erhalten oder eine Weiterbildung dazu verwenden, Ihre Karriere voranzubringen. Sind Sie unzufrieden mit Ihrer Arbeitsstelle, dann machen Sie eine neue Ausbildung oder eine Umschulung.

Wenn Sie schon immer Freude an einem bestimmten Hobby hatten, sollten Sie überlegen, ob Sie es zu Ihrer professionellen Grundlage machen können oder zumindest sollten Sie versuchen, damit Geld zu verdienen. Denken Sie auch darüber nach, Unterricht darin zu nehmen, was Sie schon immer fasziniert hat – Kunst, Musik, Fremdsprachen. Kümmern Sie sich um Ihre Talente oder Gaben. Erfüllen Sie sich einen lang ersehnten Traum, den Sie aus Zeitmangel außen vor gelassen haben, oder weil Sie andere Dinge im Kopf hatten. Jetzt ist der richtige Augenblick!

Gesundheit

Kümmern Sie sich jetzt um Ihre Gesundheit. Vergewissern Sie sich, dass Sie genügend Ruhe und Schlaf bekommen. Essen Sie drei ausgewogene Mahlzeiten am Tag, und nehmen Sie zusätzlich Nahrungsergänzungsmittel. Zwingen Sie sich dazu, sich jetzt auf körperlicher Ebene gut zu versorgen, selbst wenn Sie nicht mit dem Herzen bei der Sache sind.

Eine vitaminreiche Kost und ausreichend Erholung werden Ihren inneren Zustand positiv beeinflussen und Sie darin unterstützen, eine Beziehung loszulassen.

Machen Sie ein Fitnesstraining. Manchmal können Sie auf diese Weise etwas von Ihrer Sehnsucht, ihn zu kontaktieren, loswerden!

Dies ist *keine* gute Zeit, im Übermaß Alkohol oder andere Drogen zu konsumieren. Alkohol, selbst ein Glas Wein, kann Sie dazu bringen, an Ihren Ex-Partner zu denken und sich nach ihm zu sehnen. Der Alkohol könnte Sie davon abhalten, Ihre Gefühle zu zähmen. All Ihre Bemühungen wären vergebens, wenn Sie nachgeben und ihn kontaktieren würden.

Heilung

Jetzt ist die Zeit reif für eine tiefe innere Heilung. Beschäftigen Sie sich intensiv mit früheren Familienkonflikten und früheren Beziehungen. Finden Sie heraus, ob es Muster gibt, denen Sie vielleicht folgen. Nutzen Sie die Zeit, um zu untersuchen, ob Ihr Verhalten oder die Probleme aus der Vergangenheit zu Ihrer jetzigen Situation beitragen, um zukünftig ähnliche, leidvolle Situationen zu verhindern. Machen Sie eine Therapie.

Nutzen Sie diese Zeit für sich. Tun Sie Dinge, die Ihnen gut tun. Sollten Sie Kinder haben, dann bitten Sie jemand, auf sie aufzupassen, so dass Sie Zeit für sich oder Ihre Freunde haben (Vorschläge bei: „50 Tipps, damit Sie ihn bloß nicht anrufen").

Wenn Ihr Ex-Partner Sie durcheinanderbrachte und sich völlig unvorhersehbar verhielt, war Ihr Leben sicherlich auf eine ungesunde Weise aufregend und melodramatisch. Richten Sie hingegen Ihre Energie mehr auf sich selbst, dann werden Sie sich zentrierter und geerdeter fühlen. Ihr Leben wird möglicherweise überschaubarer, ruhiger und friedvoller sein.

Genießen Sie das Gefühl, Ihr Leben mehr in der Hand zu haben, obwohl es Ihnen vielleicht weniger aufregend vorkommen wird und versuchen Sie, die stillen Momente auszukosten. Als Sie sich noch auf Ihren Ex-Partner konzentrierten, sind Sie vielleicht niemals vor Rosen stehen geblieben, um ihren Duft wahrzunehmen. Es gibt im Leben eine Menge Dinge, die *außer ihm* aufregend sein können. Ein friedliches, überschaubares Leben ohne ständige Krisen kann sehr aufregend sein, da es Ihnen Zeit und Energie für so viele andere Dinge lässt.

Es existiert eine ganze Welt da draußen ohne Ihren Ex-Partner. Entdecken Sie diese Welt und genießen Sie sie.

Aus Erfahrungen lernen

Ich weiß nicht, wie viele Frauen aus meiner Praxis oder aus meinem Freundes- oder Bekanntenkreis nicht bereit sind, aus Ihren Erfahrungen zu lernen. Sie machen immer wieder dieselben Fehler. **Lernen** Sie also für das nächste Mal. Entwickeln Sie Ihre Einsicht und Ihre Bewusstheit. Gehen Sie nicht zu hart mit sich ins Gericht, wenn sich Ihre Beziehung nicht zu einer Ehe oder einer längerfristigen Partnerschaft entwickelte.

Verwenden Sie diese Zeit, um:

- wenn möglich, herauszufinden, was schief gegangen ist.
- darüber nachzudenken, was Ihnen an Ihrem Ex-Partner gefiel, was nicht oder was Sie bewunderten.
- über die Charaktereigenschaften nachzudenken, auf die Sie bei einem neuen Partner Wert legen werden.

- die letzte Beziehung als eine Erfahrung, als Lektion zu betrachten. Lassen Sie die Lektion dann los, und gehen Sie weiter.

Spirituelle Lektionen

Wenn es etwas gibt, das ich von meinen Klientinnen und aus meinem eigenen Leben gelernt habe, dann ist es, dass man loslassen soll, wenn es vorbei ist! Es kann nichts Gutes dabei herauskommen, an einem Mann festhalten zu wollen. Manches soll einfach nicht sein. Lassen Sie den Dingen ihren natürlichen Lauf.

Oftmals regeln sich die Dinge von selbst, wenn man ihnen ihren Lauf lässt. Manchmal ist es besser, sich nicht einzumischen als unter allen Umständen alles nach Ihrem Willen gestalten zu wollen. Manches, von dem wir meinen, es haben zu wollen, ist nicht unbedingt das Beste für uns. Manchmal schauen wir auf unser Leben zurück und erkennen, dass etliche Wünsche zu einem Albtraum hätten werden können und sind jetzt dankbar dafür, nicht das bekommen zu haben, wonach wir uns sehnten und wofür wir beteten. Manchmal waren Sie wirklich besser dran, wenn dieser Mann Sie verlassen hat! Seien Sie dankbar, vielleicht wurden Sie gesegnet.

Jeder Mensch muss seinen eigenen Weg gehen. Manchmal ist es unsere Bestimmung, mit einem anderen Menschen nur ein kurzes Stück gemeinsam einen Weg zu beschreiten. Der nächste Mann, mit dem Sie Ihre Reise teilen könnten, wartet vielleicht schon auf Sie, aber Sie können ihm nicht begegnen, wenn Sie sich weiter an Ihre Vergangenheit klammern.

Sehnsucht und Verlangen

Es ist ungeheuer wichtig, dass Sie Kontakt mit dem Anteil in Ihnen haben, der sich danach sehnt, geliebt zu werden. Schämen Sie sich nicht über solche Gefühle. Es ist absolut normal und menschlich, geliebt werden zu wollen. Es gibt nichts Schöneres als eine romantische, leidenschaftliche Liebe – *wenn sie erwidert wird.* Wenn Sie Ihre Sehnsucht und Ihr Verlangen unterdrücken, entstehen zwanghafte Verhaltensmuster, wie etwa den Ex-Partner oder einen Mann anzurufen, der nicht wunschgemäß reagiert.

Indem Sie sich Ihrer Wünsche und Sehnsüchte annehmen, erreichen Sie mehr Kontrolle über Ihr Leben und sind offener und freier für eine neue Beziehung. Sie müssen die Hoffnung, den Glauben und das Vertrauen haben, dass Ihnen ein Mann begegnen wird, der Ihnen die Liebe entgegenbringt, von der Sie immer geträumt haben. Wie meine Großmutter Sally sagte: „Wo Leben ist, da ist Hoffnung." Aber um diese Liebe finden zu können, müssen Sie sich an Folgendes erinnern: Wenn er sich von Ihnen getrennt hat, Sie nicht gut behandelt, Ihnen aus dem Weg geht, Sie sich durch ihn schlecht fühlen oder das Gefühl haben, als ob Sie verrückt werden würden – dann *Rufen sie ihn bloß nicht an*!

Über die Autorin

Rhonda Findling, klinische Psychologin M.D. und Psychotherapeutin, betreut seit 1992 Klientinnen in eigener Praxis. Zuvor arbeitete sie über ein Jahrzehnt für das New Yorker Mental Health Center mit Opfern von sexuellem Missbrauch sowie als psychotherapeutische Ausbilderin. Radio- und TV-Sendungen sowie zahlreiche Publikationen in Newsday, New York Post, Los Angeles Times u.a. machten sie in den USA als Beziehungsexpertin landesweit bekannt. Neben *Ruf bloß nicht an* ist im Reichel Verlag ihr Buch *Wenn Männer vor der Liebe flüchten – Wie man mit Beziehungsneurotikern glücklich wird – oder sie meidet* erschienen.

Claire & Christian Gaudin

Kleines Katzen-Kamasutra

Feine Geheimtipps für Liebe-Genießer

So viel romantischer und berauschender als Champagner

ISBN 978-3-926388-99-5, geb. illus. 60 S. € 14,95

Rhonda Findling

Wenn Männer vor der Liebe flüchten

Wie man mit Beziehungsneurotikern glücklich wird - oder sie meidet

Hier erfahren Sie, welche Männertypen Ihnen über den Weg laufen und Sie reagiere können

ISBN 978-3-941435-14-8, geb, 232 S. € 18,50

Nita Tucker

Schluss mit Single über 40

Die Kunst, den richtigen Partner zu finden

Ein Praxisbuch, erprobt an Hunderten von Frauen. Zielorientierte Tipps – ohne dein wahres Wesen zu verbiegen.

ISBN 978-3-9808707-3-3, geb. 154 S. € 15,00

Daniel Allemann

Was Gott Adam und Eva nicht sagte

Liebe, Sex und Einssein: Die sieben Geheimnisse des Glücks

ISBN 978-3-941435-33-9, broschiert, 265 S., € 18,50

Elke Leisgang

Gute Kräfte stärken dich

Entdecke dein Potenzial, das in Dir schlummert und lebe es

ISBN 987-3-941435-35-3, 120 S., € 12,50

Dorothe Döring

Familienglück im zweiten Anlauf

Chancen und Risiken einer Patchword-Familie

Fallgeschichten, Alltagstipps, Kontaktadressen

ISBN 978-3-941435-0-87, 149 S., € 16,95

Isha Judd

Die Intelligenz der Liebe

Illusionen ablegen wie „Ich bin allein", Ich habe nicht genug" etc. behindern ein erfülltes Leben. Nutzen Sie Ihr Potenzial!

ISBN 978-3-941435-24-7, geb. 200 S., € 18,50

Robert Moss

Der Traum-Heiler

Lebensträume erfüllen, Verletzungen heilen durch Rückholung von verlorenen Seelenanteilen

ISBN 978-3-941435-29-2, 300 S., € 18,50

Duane Elgin

Das Lebende Universum

Woher wir kommen, wohin wir gehen

Alles was existiert beeinflusst durch Denken und Handeln das Bewusstsein des Universums

ISBN 978-3-941435-04-9, 248 S., € 18,50

Friedrich Scholz

Die Spielregeln des Lebens

12 Gesetze, die unser
Schicksal lenken

Immerwährende Wahrheiten, die, wenn
befolgt, zu Lebensglück führen

168 Seiten, broschur, € 14,90
ISBN 978-3-941435-16-

Dr. Elisa Medhus

Starke Kinder

Wie Sie Kinder vor schädlichen
Einflüssen schützen

245 Seiten, geb. € 18,50
ISBN 978-3-9808707-4-0

Raphael Cushnir

Leb Jetzt. Statt später.

100 Wege, in diesem Moment
glücklich zu sein

Ein Buch, das Freude macht. Finden Sie
Ihr Glück, indem Sie über Ihre Grenzen
hinauswachsen

ISBN 978-3-939152-01-9, € 14,50
geb. mit Schutzumschlag, 120 S.

Atasha Fyfe

Reinkarnationen

Die Heilkräfte früherer Leben nutzen

Positive Taten in Vorleben können sich auf Ihr heutiges Leben auswirken, wenn Sie sich deren bewusst werde.. Greifen Sie darauf zurück und nutzen Sie sie.

ISBN 978-3-941435-36-0, 296 Seiten, broschiert, € 18,50

Pierre Pradervand

Segnen heilt

Wie dein Segen die Welt verändert und dich selbst

Alles um dich herum zu segnen, beschenkt dich auf ungeahnte positive Weise. Eine liebevolle Art, dem Leben zu begegnen

ISBN 978-3-941435-06-3, 200 S., € 16,90

Lisa Williams

Was geschieht mit uns, wenn wir sterben?

Die Gewissheit, dass der Tod nicht das Ende ist

Ein Muss für alle, denn Wissen über das, was uns allen eines Tages erwartet, nimmt uns die Furcht vor dem Übergang

ISBN 978-3-941435-06-3, 200 Seiten, broschiert, € 18,50